财政部规划教材
全国中等职业学校财经类教材

财经应用数学拓展模块
学与练

陈龙文　方　裕　主　编
胡晓彤　曾玲玲　副主编

经济科学出版社

图书在版编目（CIP）数据

财经应用数学拓展模块学与练 / 陈龙文主编. —北京：经济科学出版社，2013. 8
财政部规划教材. 中职
ISBN 978 - 7 - 5141 - 3492 - 6

Ⅰ. ①财… Ⅱ. ①陈… Ⅲ. ①经济数学 - 中等专业学校 - 教学参考资料 Ⅳ. ①F224. 0

中国版本图书馆 CIP 数据核字（2013）第 120167 号

责任编辑：白留杰　李　剑　张占芬
责任校对：靳玉环
责任印制：李　鹏

财经应用数学拓展模块学与练
陈龙文　方　裕　主　编
胡晓彤　曾玲玲　副主编
经济科学出版社出版、发行　新华书店经销
社址：北京市海淀区阜成路甲 28 号　邮编：100142
教材分社电话：010 - 88191354　发行部电话：010 - 88191522
网址：www. esp. com. cn
电子信箱：bailiujie518@ 126. com
天猫网店：经济科学出版社旗舰店
网址：http：//jjkxcbs. tmall. com
北京密兴印刷有限公司印装
787 × 1092　16 开　5. 75 印张　120000 字
2013 年 8 月第 1 版　2013 年 8 月第 1 次印刷
ISBN 978 - 7 - 5141 - 3492 - 6　定价：15. 00 元
（图书出现印装问题，本社负责调换。电话：010 - 88191502）

编 审 说 明

本书是全国财经类职业教育院校教材．经审阅，我们同意作为全国财经类院校教材出版．书中不足之处，请读者批评指正．

财政部教材编审委员会

2013 年 7 月

编写组成员

主　编： 陈龙文　方　裕

副主编： 胡晓彤　曾玲玲

参　编：（以姓氏拼音字母为序）

方　杰　胡宏佳　姜芹玉　匡小虎　梁　娟

林卫民　路彦星　宋西红　王伟文　王　刚

前　言

财经应用数学基础模块学与练与财经应用数学拓展模块学与练是根据财政部规划教材、全国中等职业学校财经类教材财经应用数学基础模块和财经应用数学拓展模块一书配套编写的练习册，供财经类中等职业学校学生使用，以下简称《学与练》。

两本《学与练》按照教材章节基本上涵盖了中等职业学校的基本知识，并尽量配合突出财经类的知识。基础模块学与练着重于基础知识，在学生现有的知识基础上掌握中等职业所需要的基本知识；拓展模块学与练主要用于中职二年级学生，一方面提高学生的数学能力，另一方面为学生的继续求学打下较为坚实的基础。

本《学与练》特点：一是注重配套应用，在每章内容前均有例题分析，作为【解题指引】，以便学生阅读理解。【解题指引】中所用到的方法都是题目当中要用到的方法，帮助学生找出解题的思路，解决学生在课堂上听不懂的问题，通过阅读【解题指引】，能为学生完成【习题】时提供相应的知识和推理。二是注重学生对数学基础的学习，将数学知识与财经类专业知识联系起来，使学生在完成练习时，也了解一些财经专业知识。在编写《学与练》时，针对各个中等职业学校学生的实际水平和各个学校的教学情况，注意到各章节的核心内容，加强基础训练，增强同步性，逐步培养学生的自学能力与应用能力，力求做到符合学生的实际需求，同步习题设计了填空题、选择题、解答题等题型，对学生进行综合训练，达到更好地掌握教材知识内容，提高对知识的理解和应用能力。

本书在编写过程中得到了广东省财政职业技术学校、佛山市顺德陈登职业技术学校、广东省贸易职业技术学校、佛山市顺德区龙江职业技术学校、广东省水产职业技术学校等单位的支持，在此一并表示感谢！

由于编者水平有限，书中难免有错误与疏漏之处，敬请同行专家和读者批评指正。

编写组

2013 年 6 月

目　录

第 1 章　三角函数及其应用

§1.1　三角函数的诱导公式

解题指引

【例 1】 求下列各三角函数值：

（1）$\sin\frac{13\pi}{2}$　（2）$\cos\frac{17\pi}{4}$　（3）$\tan390°$　（4）$\sin\frac{5\pi}{3}$　（5）$\cos(-\frac{5\pi}{6})$

【分析】 利用特殊角的三角函数值及诱导公式进行计算.

解：（1）$\sin\frac{13\pi}{2}=\sin(6\pi+\frac{\pi}{2})=\sin\frac{\pi}{2}=1$

（2）$\cos\frac{17\pi}{4}=\cos(4\pi+\frac{\pi}{4})=\cos\frac{\pi}{4}=\frac{\sqrt{2}}{2}$

（3）$\tan390°=\tan(360°+30°)=\tan30°=\frac{\sqrt{3}}{3}$

（4）$\sin\frac{5\pi}{3}=\sin(2\pi-\frac{\pi}{3})=-\sin\frac{\pi}{3}=-\frac{\sqrt{3}}{2}$

（5）$\cos(-\frac{5\pi}{6})=\cos\frac{5\pi}{6}=\cos(\pi-\frac{\pi}{6})=-\cos\frac{\pi}{6}=-\frac{\sqrt{3}}{2}$

【例 2】 解答题：

（1）已知 $\cos(\frac{3\pi}{2}-\alpha)=\frac{1}{4}$，且 $\cos\alpha>0$，求 $\cos\alpha$ 的值.

（2）已知 $\tan(\frac{\pi}{2}-\alpha)=\frac{2}{5}$，求 $\cot(2\pi-\alpha)$的值.

【分析】 利用诱导公式的正余弦函数关系进行化简，由角$\frac{\pi}{2}-\alpha$、$\frac{\pi}{2}+\alpha$、$\frac{3\pi}{2}-\alpha$、$\frac{3\pi}{2}+\alpha$所在的象限决定符号，如 $\tan(\frac{\pi}{2}-\alpha)=\cot\alpha$，$\cos(\frac{3\pi}{2}-\alpha)=-\sin\alpha$

解：（1）$\because\cos(\frac{3\pi}{2}-\alpha)=-\sin\alpha$

且 $\cos(\frac{3\pi}{2}-\alpha)=\frac{1}{4}$

$\therefore -\sin\alpha=\frac{1}{4}$

即 $\sin\alpha = -\frac{1}{4}$

又∵ $\sin^2\alpha + \cos^2\alpha = 1$

∴ $\cos\alpha = \pm\sqrt{1-\sin^2\alpha} = \pm\sqrt{1-(\frac{1}{4})^2} = \pm\frac{\sqrt{15}}{4}$

又∵ $\cos\alpha > 0$

∴ $\cos\alpha = \frac{\sqrt{15}}{4}$

（2）**解：**∵ $\tan(\frac{\pi}{2}-\alpha) = \cot\alpha$

且 $\tan(\frac{\pi}{2}-\alpha) = \frac{2}{5}$

∴ $\cot\alpha = \frac{2}{5}$

∴ $\cot(2\pi-\alpha) = -\cot\alpha = -\frac{2}{5}$

考一考

习题

一、选择题

1. $\frac{17\pi}{6}$是（　　）.

A. 第一象限　　B. 第二象限

C. 第三象限　　D. 第四象限

2. 和 $-12°$终边相同的一个角是（　　）.

A. $348°$　　B. $-347°$

C. $-372°$　　D. $-612°$

3. 已知 $\tan x=\frac{\sqrt{3}}{3}$（$0<x<2\pi$），则 x 的所有可能值是（　　）.

A. $\frac{\pi}{6}$　　B. $\frac{\pi}{6}$或$\frac{7\pi}{6}$　　C. $\frac{\pi}{3}$或$\frac{4\pi}{3}$　　D. $\frac{\pi}{3}$

4. 下列命题正确的是（　　）.

A. 小于 90°的角叫做锐角　　B. 第一象限的角是锐角

C. 第二象限的角是钝角　　D. 钝角是第二象限角

5. 已知 $\sin(\frac{\pi}{2}-\alpha)=\frac{3}{5}$，则 $\cos(\pi+\alpha)=$（　　）.

A. $\frac{3}{5}$　　B. $-\frac{3}{5}$

C. $\frac{4}{5}$　　D. $-\frac{4}{5}$

6. 化简 $\sqrt{1-\sin^2 196°}$的结果为（　　）.

A. $\sin 16°$　　B. $\cos 16°$　　C. $-\sin 16°$　　D. $-\cos 16°$

二、填空题

1. 已知 α 是第一象限角，则$\frac{\alpha}{2}$是第__________象限的角.

2. 已知 $\sin\alpha=\frac{1}{2}$，且 α 是第二象限的角，则 $\cos\alpha=$__________，$\tan\alpha=$__________.

3. 已知 $\sin(\pi+\alpha)=\frac{\sqrt{2}}{2}$，且 α 是第三象限的角，则 $\cos\alpha=$__________，$\tan\alpha=$__________.

4. 已知 $\sin(\pi+\theta)=-\frac{3}{5}$，且 θ 为第二象限的角，则 $\cos\theta=$__________.

5. 已知$\frac{\pi}{2}<\alpha<\pi, \sin(2\pi-\alpha)=-\frac{4}{5}$，则 $\tan(\pi+\alpha)=$__________.

6. 计算 $\cos(-\frac{31}{4}\pi)$的值为__________.

三、解答题

1. 确定下列各三角函数值的符号：

（1）$\sin\frac{\pi}{3}$ （2）$\cos\frac{3\pi}{4}$ （3）$\tan\frac{19\pi}{6}$ （4）$\sin300°$

（5）$\sin(-\frac{2\pi}{3})$ （6）$\cos(-780°)$ （7）$\cot\frac{16\pi}{3}$ （8）$\tan(-\frac{3\pi}{4})$

2. 求下列各三角函数值：

（1）$\sin\frac{7\pi}{6}$ （2）$\cos(-\frac{5\pi}{4})$ （3）$\tan\frac{7\pi}{4}$ （4）$\sin(-\frac{17\pi}{2})$

（5）$\tan(-\frac{7\pi}{3})$ （6）$\sin\frac{11\pi}{6}$ （7）$\sin 240°$ （8）$\cos 300°$

3. 已知 $\cos\alpha=-\frac{4}{5}$，且 $\frac{\pi}{2}<\alpha<\pi$，求 $\cos(2\pi+\alpha)$，$\cos(\pi-\alpha)$，$\cos(\frac{\pi}{2}+\alpha)$ 的值.

4. 已知 $\sin(\pi+\theta)=-\frac{3}{5}$，且 θ 为第二象限的角，求 $\cos\theta$ 的值.

5. 已知 $\sin\alpha=\frac{1}{3}$，且 α 为第二象限的角，求 $\tan\alpha$ 的值.

6. 已知 $\cos\alpha=\frac{\sqrt{3}}{3}$，求 $\tan\alpha$、$\sin\alpha$ 的值.

§1.2　两角和与差的三角函数

解题指引

【例1】已知 $\sin\alpha=-\dfrac{4}{5}$，且 α 是第三象限的角，求 $\sin(\alpha-\dfrac{\pi}{3})$ 的值．

【分析】（1）根据 $\sin^2\alpha+\cos^2\alpha=1$ 及 α 的范围，求出 $\cos\alpha$；（2）并运用两角差的正弦公式即可求出．

解：$\because\ \sin\alpha=-\dfrac{4}{5}$，且 α 为第三象限的角，又 $\because\ \sin^2\alpha+\cos^2\alpha=1$

$$\therefore\ \cos\alpha=-\sqrt{1-\sin^2\alpha}=-\frac{3}{5}$$

$$\sin(\alpha-\frac{\pi}{3})=\sin\alpha\cos\frac{\pi}{3}-\cos\alpha\sin\frac{\pi}{3}$$

$$=-\frac{4}{5}\times\frac{1}{2}-(-\frac{3}{5})\times\frac{\sqrt{3}}{2}$$

$$=\frac{3\sqrt{3}-4}{10}$$

【例2】已知 $\tan\alpha$，$\tan\beta$ 是方程 $6x^2-5x+1=0$ 的两个根，且 $0<\alpha<\dfrac{\pi}{2}$，$\pi<\beta<\dfrac{3\pi}{2}$，则 $\alpha+\beta$ 的值为（　　）．

A. $\dfrac{\pi}{4}$　　B. $\dfrac{3\pi}{4}$　　C. $\dfrac{5\pi}{4}$　　D. $\dfrac{\pi}{4}+k\pi(k\in Z)$

【分析】这是给函数值求角的问题，解这类问题主要有两个步骤：

（1）求值：根据问题给出的三角函数值，选择适当的三角函数公式；

（2）确定角：利用函数值在此范围内的单调性及符号求出所求角．

注意：解这类题常犯的错误是对角所在的范围不加讨论．

解：由根与系数的关系，得 $\begin{cases}\tan\alpha+\tan\beta=\dfrac{5}{6}\\ \tan\alpha\cdot\tan\beta=\dfrac{1}{6}\end{cases}$，$\tan(\alpha+\beta)=\dfrac{\tan\alpha+\tan\beta}{1-\tan\alpha\tan\beta}=\dfrac{\dfrac{5}{6}}{1-\dfrac{1}{6}}=1$

$\because\quad 0<\alpha<\dfrac{\pi}{2}$，$\pi<\beta<\dfrac{3\pi}{2}$，所以　$\pi<\alpha+\beta<2\pi$

$\therefore\quad \alpha+\beta=\dfrac{5\pi}{4}$，故选 C.

考一考

习题

1. 不查表，求下列各式的值

（1）$\cos 105°$ （2）$\sin(-15°)$

（3）$\sin\frac{\pi}{5}\cos\frac{\pi}{10}+\cos\frac{\pi}{5}\sin\frac{\pi}{10}$ （4）$\sin(\frac{5}{12}\pi)$

（5）$\tan\frac{\pi}{12}$ （6）$\cos 80°\cos 55°-\sin 80°\sin 55°$

2. 化简

（1）$\sin(\alpha+\beta)\cos\alpha-\cos(\alpha+\beta)\sin\alpha$

（2）$\cos(\alpha+\beta)\cos\beta-\sin(\alpha+\beta)\sin\beta$

（3）$\cos(2x+y)\cos(2x-y)+\sin(2x+y)\sin(2x-y)$

(4) $\sin(60° + \alpha) - \sin(60° - \alpha)$

3. 解答题

(1) 已知 $\sin\alpha = -\frac{2}{3}$，$\alpha \in (\frac{3}{2}\pi, 2\pi)$，求 $\sin(\frac{\pi}{3} + \alpha)$ 和 $\cos(\frac{\pi}{3} - \alpha)$ 的值.

(2) 已知 $\sin\alpha = \frac{3}{5}$，$\cos\beta = \frac{12}{13}$，$\alpha \in (\frac{\pi}{2}, \pi)$，$\beta \in (\frac{3}{2}\pi, 2\pi)$，求 $\cos(\alpha - \beta)$ 的值.

(3) 已知 $\tan\alpha = \frac{2}{5}$，$\tan\beta = \frac{3}{7}$，求 $\tan(\alpha + \beta)$ 的值.

§1.3 二倍角的正弦、余弦、正切公式

解题指引

【例1】 已知 $\sin\alpha=\frac{3}{5}$，$\alpha\in(\frac{\pi}{2},\pi)$，求 $\sin2\alpha$，$\cos2\alpha$，$\tan2\alpha$ 的值.

【分析】（1）根据$\sin^2\alpha+\cos^2\alpha=1$ 及 α 的范围，求出 $\cos\alpha$；（2）根据二倍角的公式就可以求出.

解： $\because \sin\alpha=\frac{3}{5}$，$\alpha\in(\frac{\pi}{2},\pi)$

$\therefore \cos\alpha=-\frac{4}{5}$；$\tan\alpha=-\frac{3}{4}$

$\therefore \sin2\alpha=2\sin\alpha\cos\alpha=2\times\frac{3}{5}\times(-\frac{4}{5})=-\frac{24}{25}$

$\cos2\alpha=1-2\sin^2\alpha=1-2\times(\frac{3}{5})^2=1-2\times\frac{9}{25}=\frac{7}{25}$

$\tan2\alpha=\frac{\sin2\alpha}{\cos2\alpha}=\frac{-\frac{24}{25}}{\frac{7}{25}}=-\frac{24}{7}$

【例2】 若 $3\sin\alpha+4\cos\alpha=0$，求 $\tan2\alpha$ 的值.

【分析】（1）由 $3\sin\alpha+4\cos\alpha=0$ 可求出 $\tan\alpha$ 的值；（2）再由二倍角的正切公式就可求出.

解： 由 $3\sin\alpha+4\cos\alpha=0$ 可得，$\tan\alpha=-\frac{4}{3}$

又$\because \tan2\alpha=\frac{2\tan\alpha}{1-\tan^2\alpha}$　　$\therefore \tan2\alpha=\frac{2\times(-\frac{4}{3})}{1-(-\frac{4}{3})^2}=\frac{24}{7}$

考一考

习 题

1. 填空题

（1）$\sin 22.5°\cos 22.5° =$ ____________.

（2）$4\sin\frac{\alpha}{4}\cos\frac{\alpha}{4} =$ ____________.

（3）$\sin\frac{\pi}{12}\sin\frac{5}{12}\pi =$ ____________.

（4）$2\cos^2\frac{\pi}{8} - 1 =$ ____________.

（5）$\sin^2\frac{\pi}{8} - \cos^2\frac{\pi}{8} =$ ____________.

（6）$(\sin\frac{5}{12}\pi + \cos\frac{5}{12}\pi)(\sin\frac{5}{12}\pi - \cos\frac{5}{12}\pi) =$ ____________.

（7）$\cos^4\frac{\alpha}{2} - \sin^4\frac{\alpha}{2} =$ ____________.

（8）$1 - 2\sin^2 3\alpha =$ ____________.

（9）$\frac{\tan 22.5°}{1 - \tan^2 22.5°} =$ ____________.

（10）$\sin(\frac{\pi}{4} + \alpha)\cos(\frac{\pi}{4} + \alpha) =$ ____________.

2. 求值

（1）$\sin^2 15° - \cos^2 15°$

（2）$1 - 2\sin^2 330°$

（3）$1 + 2\cos^2\theta - \cos 2\theta$

（4）$\frac{2\tan 75°}{1 - \tan^2 75°}$

3. 解答题

（1）已知 $\cos\alpha = -\frac{12}{13}$，$\alpha \in (\frac{\pi}{2}, \pi)$，求 $\sin 2\alpha$，$\cos 2\alpha$，$\tan 2\alpha$ 的值.

（2）已知 $\tan\alpha = 3$，求 $\sin2\alpha - \cos2\alpha$ 的值．

（3）已知 $\cos2\alpha = \frac{5}{13}(\frac{3\pi}{4} < \alpha < \pi)$，求 $\tan\alpha$ 的值．

（4）求 $8\sin\frac{\pi}{48}\cos\frac{\pi}{48}\cos\frac{\pi}{24}\cos\frac{\pi}{12}$ 的值．

（5）已知 $\tan\theta = 2$，求 $\frac{\sin2\theta - \cos2\theta}{1 + \cos^2\theta}$ 的值．

（6）已知 $\tan(\alpha - \frac{\pi}{4}) = \frac{1}{3}$，且 α 在第一象限，求 $\sin 2\alpha$ 的值．

§1.4　三角函数的图像与性质

解题指引

【例 1】求函数 $y=2\sin 3x$ 的最大值、最小值和周期.

【分析】根据正弦函数 $y=\sin 3x$ 的最大值、最小值及周期公式 $T=\frac{2\pi}{\omega}$，从而得出 $y=2\sin 3x$的最值.

解：$\because -1\leqslant \sin 3x\leqslant 1$，$\therefore -2\leqslant 2\sin 3x\leqslant 2$，即 $-2\leqslant y\leqslant 2$，

故函数 $y=2\sin 3x$ 的最大值是 2，最小值是 −2，周期是$\frac{2}{3}\pi$

【例 2】不求值，比较 $\sin 11°$与 $\sin 22°$的大小.

【分析】此题分两个步骤：(1) 先找出两个角的大小及其所在的象限；(2) 然后根据该函数在这个象限的单调性比较大小.

解：$\because 11°<22°$，且 $11°\in[-90°, 90°]$，$22°\in[-90°, 90°]$

又$\because$ 函数 $y=\sin x$ 在 $[-90°, 90°]$ 上是增函数

$\therefore \sin 11° < \sin 22°$

【例 3】求函数 $y=\frac{\tan x}{1-\cos x}$的定义域.

【分析】本题涉及分母不能等于 0 及三角函数的自变量 x 的取值范围.

解：要使已知函数有意义，则有$\begin{cases} x\neq\frac{\pi}{2}+k\pi \\ 1-\cos x\neq 0\end{cases}\Rightarrow\begin{cases} x\neq\frac{\pi}{2}+k\pi \\ \cos x\neq 1\end{cases}\Rightarrow\begin{cases} x\neq\frac{\pi}{2}+k\pi \\ x\neq 2k\pi\end{cases}$

所以函数 $y=\frac{\tan x}{1-\cos x}$的定义域是 $\{x\mid x\neq 2k\pi$ 且 $x\neq\frac{\pi}{2}+k\pi,\ k\in Z\}$

考一考

习　题

1. 填空题

（1）若 $y=\sin x$ 与 $y=\cos x$ 都是增函数，则 x 的区间是__________.

（2）函数 $y=3\sin x$ 的周期是__________，$y=-\cos 2x$ 的周期是__________.

（3）函数 $y=1-\sin 2x$ 的最大值是__________，最小值是__________，周期是__________.

（4）函数 $y=-\frac{3}{2}\cos 2x$ 的最大值是__________，最小值是__________，周期是__________.

（5）已知 $y=\sin x+b$ 的最大值是 3，则 $b=$__________.

（6）若 $\sin x>\cos x$，则 $x\in$__________.

（7）若 $\sin x=1$，则 $x=$__________.

（8）判断下列函数的奇偶性：① $y=\sin\left(x+\frac{\pi}{3}\right)$是________函数；② $y=x\cos 3x$ 是________函数；③ $y=x\sin x$ 是__________函数.

2. 解答题

（1）求下列函数的定义域：

① $y=\sqrt{\sin x-\frac{1}{2}}$　　② $y=\frac{\cos x}{1-\tan x}$

（2）已知$\frac{1-a}{1+a}=\sin\theta$，求实数 a 的取值范围.

（3）不求值，比较下列各对函数值的大小：

① $\sin 230°$与 $\sin 235°$　　② $\cos 304°$与 $\cos 305°$

③ $\sin\frac{\pi}{5}$与 $\sin\frac{\pi}{7}$　　④ $\cos\frac{2\pi}{5}$与 $\cos\frac{3\pi}{5}$

§1.5　三角函数的应用

解题指引

【例1】在$\triangle ABC$中，已知$b=6$，$\angle B=60°$，$\angle C=45°$，求c.

【分析】已知两角及一角所对应的边，利用正弦定理求值.

解：由正弦定理$\frac{b}{\sin B}=\frac{c}{\sin C}$得：$c=\frac{b\sin C}{\sin B}=\frac{6\times\sin45°}{\sin60°}=\frac{6\times\frac{\sqrt{2}}{2}}{\frac{\sqrt{3}}{2}}=2\sqrt{6}$，所以$c=2\sqrt{6}$

【例2】在$\triangle ABC$中，已知$AB=2$，$AC=\sqrt{7}$，$BC=3$，求$\angle B$.

【分析】已知三角形的三条边，利用余弦定理可求边所对应的内角.

解：由余弦定理$b^2=a^2+c^2-2ac\cos B$得$\cos B=\frac{a^2+c^2-b^2}{2ac}$

$\therefore\cos B=\frac{a^2+c^2-b^2}{2ac}=\frac{3^2+2^2-(\sqrt{7})^2}{2\times3\times2}=\frac{1}{2}$

又$\because 0<B<\pi$，$\therefore\angle B=\frac{\pi}{3}$

【例3】在一条由西向东流的大河北岸，有建筑物A和B，其距离无法直接测量，于是间接测量如下：首先，在南岸C点处，测得A位于正北向，B位于北偏西$45°$的方向上；然后，沿河岸向正西方向移动100m，到了点D. 观察到A位于北偏东$45°$的方向上，B位于北偏西$30°$的方向上. 试求建筑物A和B的距离.

【分析】解三角函数应用题，常用正弦定理、余弦定理、三角形的面积公式求有关边长与角，但如能找到相关的直角三角形，应用三角函数的定义求边和角就更容易了.

解：方法1：如图1-1所示，根据题意可得$CD=100$

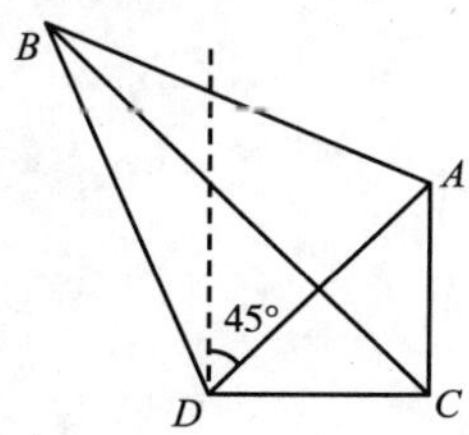

图1-1

$\angle ADC=45°$，$\angle BCD=45°$

$\therefore BC$是AD的垂直平分线，$\therefore\angle BAD=\angle ADB=75°$

$\therefore\angle ABD=30°$，又$AD=\frac{DC}{\cos45°}=100\sqrt{2}$

$\therefore \dfrac{AD}{\sin\angle ABD}=\dfrac{AB}{\sin\angle BDA}$

$\therefore AB=\dfrac{AD\times\sin\angle BDA}{\sin\angle ABD}=100+100\sqrt{3}$

方法2：如图1－1所示，根据题意可得 $CD=100$，$\angle ADC=45°$

$\therefore AD=\dfrac{DC}{\cos 45°}=100\sqrt{2}$，又得 $\angle BCD=45°$，$\angle CDB=120°$

$\therefore \angle CBD=15°$，$\therefore \dfrac{BD}{\sin\angle BCD}=\dfrac{DC}{\sin\angle CBD}$，$\therefore BD=\dfrac{50\sqrt{2}}{\sin 15°}$

$\therefore AB=\sqrt{BD^2+AD^2-2BD\times AD\cos 75°}=100+100\sqrt{3}$

考一考

习 题

1. 选择题

（1）在三角形里一定成立的是（　　）.

A. $a\sin A = b\sin B$　　B. $a\cos A = b\cos B$

C. $a\sin B = b\sin A$　　D. $a\cos B = b\cos A$

（2）在△ABC 中，$AC = 12\sqrt{3}$，$\angle A = 45°$，$\angle B = 120°$，则 $BC =$（　　）.

A. $12\sqrt{2}$　　B. $12\sqrt{6}$　　C. $6\sqrt{2}$　　D. $4\sqrt{3}$

（3）在△ABC 中，已知 $b^2 - c^2 = a^2 + ac$，则 $\angle B =$（　　）.

A. 45°　　B. 30°或 150°　　C. 120°　　D. 60°或 120

（4）在△ABC 中，已知 $\angle A = 30°$，$b = 4$，$c = 5$，则△ABC 的面积是（　　）.

A. 2　　B. 5　　C. 10　　D. 15

（5）在△ABC 中，已知 $a = \sqrt{3}$，$b = 3$，$\angle A = 30°$，则 $\angle C =$（　　）.

A. 30°或 90°　　B. 60°或 120°　　C. 30°　　D. 90°

2. 填空题

（1）在△ABC 中，已知 $a = 6$，$b = 3$，$\angle C = 60°$，则 $c =$__________.

（2）在△ABC 中，已知 $a = 5$，$b = 7$，$c = 4$，则 $\cos B =$__________.

（3）在△ABC 中，$a = 2$，$b = 2\sqrt{2}$，$c = 2\sqrt{5}$，则 $S_{\triangle ABC} =$__________.

（4）已知△ABC 中，若三边的比为 $a : b : c = \sqrt{2} : (1 + \sqrt{3}) : 2$，则内角 $A =$__________.

（5）在△ABC 中，内角 A，B 满足 $\sin A\cos B = \cos A\sin B$，则△$ABC$ 是__________三角形.

3. 解答题

（1）在锐角△ABC 中，已知 $a = 2\sqrt{2}$，$b = 2\sqrt{3}$，$\angle B = 60°$，求 $\angle A$，$\angle C$.

（2）在△ABC 中，已知 $a = 4$，$b = 2\sqrt{2}$，面积 $S_{\triangle ABC} = 4$，求 $\angle C$ 及边 c.

（3）在△ABC 中，$a = 2\sqrt{3}$，$b = 8$，$c = 6$，求这个三角形的面积.

第2章　平面向量

§2.1　平面向量的概念

解题指引

【例1】 下列命题中正确的是（　　）.

A. 任何两个非零向量的单位向量都是相等的向量

B. 任何两个非零向量的单位向量是相等的向量或互为负向量

C. 一个非零向量的单位向量有两个，它们互为负向量

D. 任何非零向量的单位向量的模长相等

【分析】 本题主要考查单位向量的定义以及相关性质：一个非零向量的单位向量只有一个，故C不正确；任何两个向量只有当模相等和方向相同时才相等，故A、B不正确；任何非零向量的单位向量的模都是1，故D正确.

答案：D.

【例2】 根据下列各题的条件，判断四边形 $ABCD$ 是哪种四边形.

（1）$\overrightarrow{AD}=\overrightarrow{BC}$　　（2）$\overrightarrow{AD}/\!/\overrightarrow{BC}$ 且 $\overrightarrow{AB}$ 与 $\overrightarrow{CD}$ 不平行

【分析】 本题主要考查向量相等的概念以及向量平行的概念. 根据向量相等的概念，很容易判断（1）条件所决定的图形形状如图2－1所示，即为平行四边形；根据向量平行的概念，很容易判断（2）条件所决定的图形形状如图2－2所示，即为梯形.

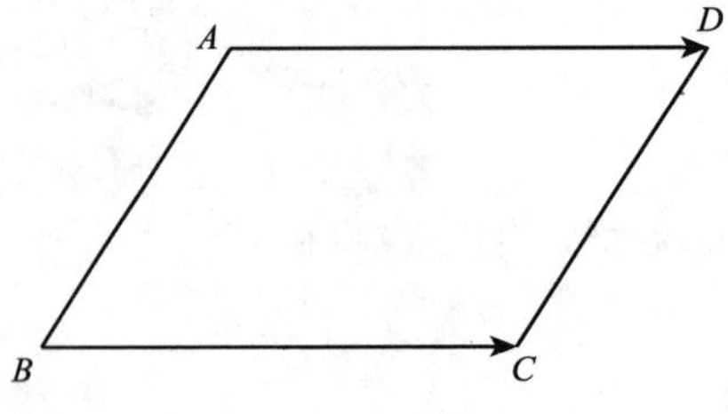

图2－1

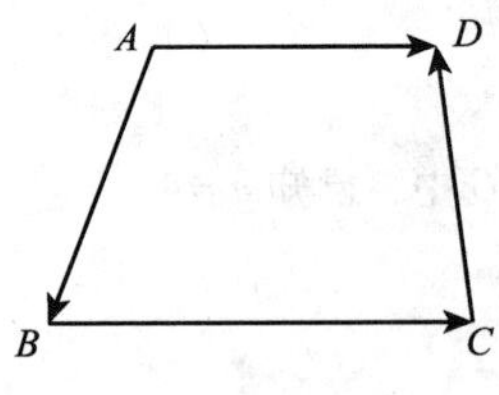

图2－2

答案：（1）平行四边形；（2）梯形.

考一考

习 题

一、判断题

1. 任何向量都有确定的大小和方向 . (　　)
2. $|\boldsymbol{a}|=0$ 是向量 $\boldsymbol{a}$ 为零向量的充要条件 . (　　)
3. 凡单位向量必相等 . (　　)

二、选择题

1. 若 A、B、C、D 是不共线的四点，则$\overrightarrow{AB}=\overrightarrow{DC}$是四边形 $ABCD$ 为平行四边形的（　　）.

A. 充要条件　　B. 充分条件　　C. 充分不必要条件　　D. 必要条件

2. 下列物理量中是向量的有（　　）.

① 物体在重力的作用下，发生位移所做的功　　② 物体所受的重力

③ 物体的质量 4kg　　④ 3 月 5 日 6 级偏东风的风速

A. ①②　　B. ③④　　C. ①③　　D. ②④

3. 对于如图 2－3 所示的平行四边形 $ABCD$，下列式子中正确的是（　　）.

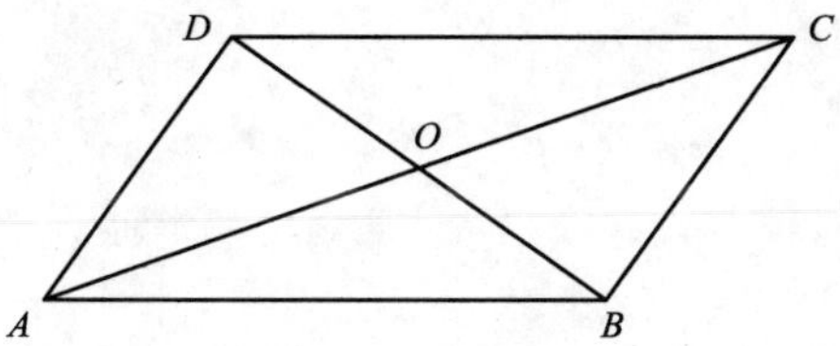

图 2－3

A. $\overrightarrow{AB}=\overrightarrow{CD}$　　B. $\overrightarrow{AC}=\overrightarrow{DB}$　　C. $\overrightarrow{DO}=\overrightarrow{BO}$　　D. $\overrightarrow{AO}=\overrightarrow{OC}$

三、解答题

1. 如图 2－4 所示，$\triangle ABC$ 中三边 AB、BC、CA 的中点分别为 D、E、F，试写出与$\overrightarrow{DE}$、$\overrightarrow{EF}$、$\overrightarrow{FD}$分别相等的向量、共线的向量以及相反的向量 .

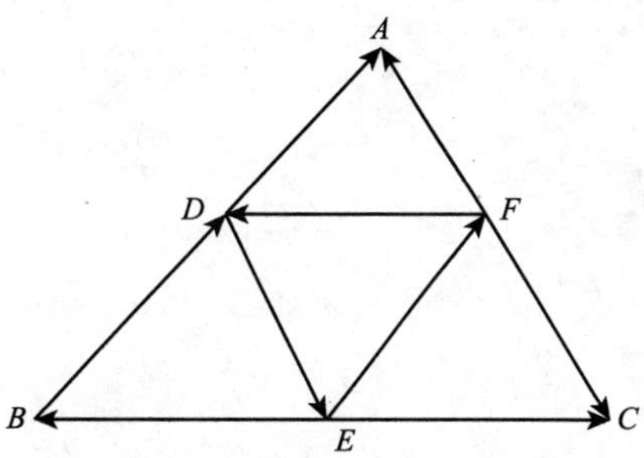

图 2－4

2. 四边形 $ABCD$ 中，若$\overrightarrow{AD}=\overrightarrow{BC}$，试证明四边形 $ABCD$ 为平行四边形.

3. 甲、乙两人共拉一辆车，甲正向拉，用力 100N，乙斜向 30°方向拉，用力 80N，试用有向线段画出他们各自的拉力向量.

§2.2　平面向量线性运算

解题指引

【例1】已知$\triangle ABC$，点D是BC边上的中点，则$3\overrightarrow{AB}+2\overrightarrow{BC}+\overrightarrow{CA}=$（　　）

A. $\overrightarrow{AD}$　　B. $3\overrightarrow{AD}$　　C. 0　　D. $2\overrightarrow{AD}$

【分析】此题主要考查向量的加减运算，由题知（如图2－5所示）：

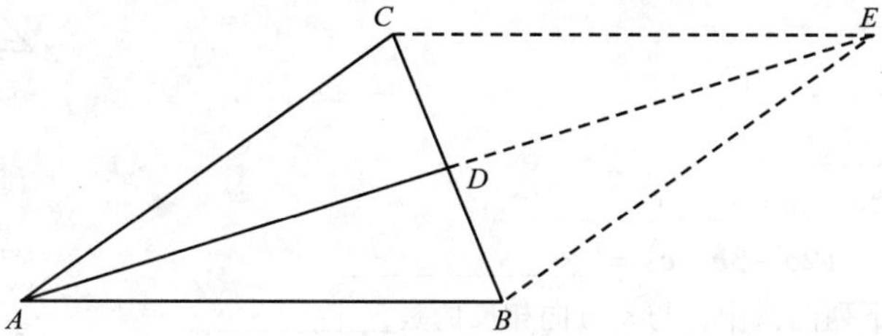

图2－5

$$3\overrightarrow{AB}+2\overrightarrow{BC}+\overrightarrow{CA}=3\overrightarrow{AB}+2(\overrightarrow{AC}-\overrightarrow{AB})+\overrightarrow{CA}$$
$$=\overrightarrow{AB}+\overrightarrow{AC}$$
$$=2\overrightarrow{AD}\text{（平行四边形法则）}$$

答案：D.

【例2】如图2－6所示，$OADB$是以向量$\overrightarrow{OA}=\boldsymbol{a}$，$\overrightarrow{OB}=\boldsymbol{b}$为边的平行四边形，又$\overrightarrow{BM}=\frac{1}{3}\overrightarrow{BC}$，$\overrightarrow{CN}=\frac{1}{3}\overrightarrow{CD}$，试用$\boldsymbol{a}$，$\boldsymbol{b}$表示$\overrightarrow{OM}$，$\overrightarrow{ON}$，$\overrightarrow{MN}$.

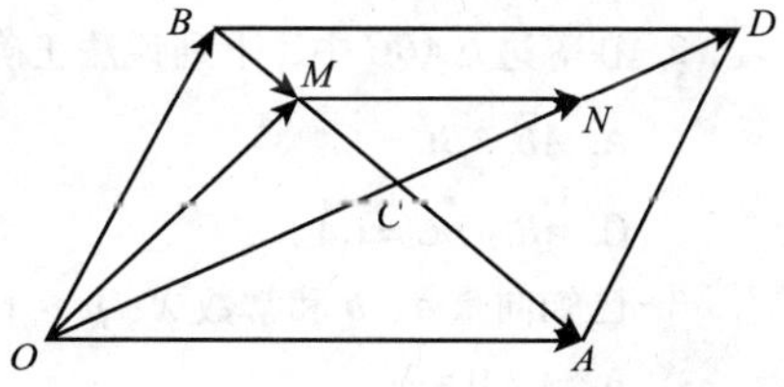

图2－6

【分析】$\overrightarrow{BA}=\overrightarrow{OA}-\overrightarrow{OB}=\boldsymbol{a}-\boldsymbol{b}$

$\overrightarrow{BM}=\frac{1}{3}\overrightarrow{BC}=\frac{1}{6}\overrightarrow{BA}=\frac{1}{6}\boldsymbol{a}-\frac{1}{6}\boldsymbol{b}$

$\therefore\overrightarrow{OM}=\overrightarrow{OB}+\overrightarrow{BM}=\boldsymbol{b}+\frac{1}{6}\boldsymbol{a}-\frac{1}{6}\boldsymbol{b}=\frac{1}{6}\boldsymbol{a}+\frac{5}{6}\boldsymbol{b}$

$\overrightarrow{CN}=\frac{1}{3}\overrightarrow{CD}=\frac{1}{3}(\frac{1}{2}\overrightarrow{OD})=\frac{1}{6}\overrightarrow{OD}$

$\therefore\overrightarrow{ON}=\overrightarrow{OC}+\overrightarrow{CN}=\frac{1}{2}\overrightarrow{OD}+\overrightarrow{OD}=\frac{2}{3}\overrightarrow{OD}=\frac{2}{3}\boldsymbol{a}+\frac{2}{3}\boldsymbol{b}$

$\therefore\overrightarrow{MN}=\overrightarrow{ON}-\overrightarrow{OM}=(\frac{2}{3}\boldsymbol{a}+\frac{2}{3}\boldsymbol{b})-(\frac{1}{6}\boldsymbol{a}+\frac{5}{6}\boldsymbol{b})=\frac{1}{2}\boldsymbol{a}-\frac{1}{6}\boldsymbol{b}$

考一考

习　题

一、填空题

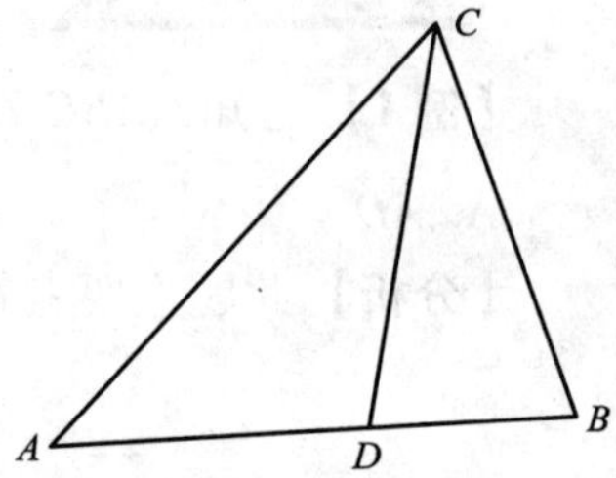

图 2－7

1. 如图 2－7 所示，则________.

A. $\overrightarrow{AB}+\overrightarrow{BC}=$________

B. $\overrightarrow{AC}+\overrightarrow{CD}+\overrightarrow{DA}=$________

C. $\overrightarrow{AC}-\overrightarrow{AD}=$________

D. $\overrightarrow{BC}-\overrightarrow{BD}-\overrightarrow{CD}=$________

2. (1) $(3\boldsymbol{a}+\boldsymbol{b})-(2\boldsymbol{b}-3\boldsymbol{a})=$________

(2) $(\boldsymbol{a}-4\boldsymbol{b}+2\boldsymbol{c})+(2\boldsymbol{a}-3\boldsymbol{b}-\boldsymbol{c})=$________

3. 若 $2\boldsymbol{a}+\boldsymbol{b}=0$，则下列向量中，与 $\boldsymbol{a}$ 方向相反的是________.

$5\boldsymbol{a}$，$5\boldsymbol{b}$，$4\boldsymbol{a}-3\boldsymbol{b}$，$\boldsymbol{a}+4\boldsymbol{b}$，$-\boldsymbol{b}$，$-\boldsymbol{a}$，$\frac{3}{5}\boldsymbol{a}+\frac{1}{3}\boldsymbol{b}$

4. 向量 $\boldsymbol{a}$ 与非零向量 $\boldsymbol{b}$ 平行（共线）的充要条件是________.

5. 若 $\boldsymbol{a}/\!/\boldsymbol{b}$，且 $2\boldsymbol{a}-3\boldsymbol{b}=4\boldsymbol{c}$，则向量 $\boldsymbol{a}$ 与 $\boldsymbol{c}$ 的关系是________（填“相等”、“不相等”、“平行”或“不平行”）.

二、选择题

1. 若 $\boldsymbol{a}$ 与 $\boldsymbol{b}$ 是相反向量，则下列说法中错误的是（　　）.

①$\boldsymbol{a}/\!/\boldsymbol{b}$；②$\boldsymbol{a}\neq\boldsymbol{b}$；③$|\boldsymbol{a}|\neq|\boldsymbol{b}|$；④$\boldsymbol{a}=-\boldsymbol{b}$.

A. ①②　　B. ③④

C. ②③　　D. ①④

2. 在等边△ABC 中，下列说法正确的是（　　）.

A. $\overrightarrow{AB}=\overrightarrow{BC}=\overrightarrow{CA}$　　B. $|\overrightarrow{AB}|=|\overrightarrow{BC}|=|\overrightarrow{CA}|$

C. $\overrightarrow{AB}+\overrightarrow{BC}=\overrightarrow{CA}$　　D. $\overrightarrow{AB}-\overrightarrow{BC}=\overrightarrow{CA}$

3. 已知向量 $\boldsymbol{a}$、$\boldsymbol{b}$ 和常数 λ、μ，下列式子中正确的是（　　）.

A. $\lambda\cdot 0=\lambda$　　B. $0\cdot\boldsymbol{a}=0$

C. $(\lambda+\mu)\boldsymbol{a}=\lambda\boldsymbol{a}+\lambda\boldsymbol{b}$　　D. $(-1)\cdot\boldsymbol{a}=-1$

4. 化简式子 $(4\boldsymbol{a}-\boldsymbol{b})-5(3\boldsymbol{b}-2\boldsymbol{a})$，其正确答案是（　　）.

A. $14\boldsymbol{a}-16\boldsymbol{b}$　　B. $14\boldsymbol{b}-6\boldsymbol{a}$

C. $6\boldsymbol{a}-14\boldsymbol{b}$　　D. $16\boldsymbol{b}-14\boldsymbol{a}$

5. 已知实数 λ、非零向量 $\boldsymbol{a}$，则下列命题中正确的是（　　）.

A. $|\lambda\boldsymbol{a}|=|\lambda|\cdot|\boldsymbol{a}|$　　B. $|\lambda\boldsymbol{a}|=\pm\lambda|\boldsymbol{a}|$

C. $|\lambda\boldsymbol{a}|=\lambda|\boldsymbol{a}|$　　D. $|\lambda\boldsymbol{a}|=|\lambda|\boldsymbol{a}$

三、解答题

1. 化简下列各式：

（1）$5(\frac{2}{5}\boldsymbol{a}+\frac{3}{5}\boldsymbol{b})-6(\frac{1}{2}\boldsymbol{a}-\frac{1}{3}\boldsymbol{b})$

（2）$-\frac{1}{2}(4\boldsymbol{c}-2\boldsymbol{b}-\boldsymbol{a})+\frac{1}{3}(6\boldsymbol{a}-3\boldsymbol{b}+\boldsymbol{c})$

2. 已知方程 $6(2\boldsymbol{a}-\boldsymbol{x})+4(\boldsymbol{x}-\boldsymbol{b})-2(\boldsymbol{x}+3\boldsymbol{c})=0$，求未知向量 $\boldsymbol{x}$.

3. 某作战飞机先向东北飞行 300km，再向东南飞行 300km，求该作战飞机飞行的路程和两次位移和.

4. 已知$\overrightarrow{AB}=\boldsymbol{a}+2\boldsymbol{b}$，$\overrightarrow{CB}=4\boldsymbol{a}+\boldsymbol{b}$，$\overrightarrow{CD}=-5\boldsymbol{a}$，求$\overrightarrow{AD}$.

5. 根据下列条件，分别判断四边形 $ABCD$ 的形状：

（1）$\overrightarrow{AD}=\frac{1}{2}\overrightarrow{BC}$

（2）$\overrightarrow{AB}=\overrightarrow{DC}$且$|\overrightarrow{AB}|=|\overrightarrow{AD}|$

6. 用向量方法证明三角形两边中点连线平行于第三边，并且长度等于第三边一半.

§2.3 向量的数量积

解题指引

【例1】已知$|\boldsymbol{a}|=5$，$|\boldsymbol{b}|=6$，$<\boldsymbol{a},\boldsymbol{b}>=30°$，求：$(2\boldsymbol{a}-\boldsymbol{b})\cdot(\boldsymbol{a}+3\boldsymbol{b})$

【分析】本题主要考查向量数量积概念及运算律：

解：
$$
\begin{aligned}
(2\boldsymbol{a}-\boldsymbol{b})\cdot(\boldsymbol{a}+3\boldsymbol{b}) &= (2\boldsymbol{a})\cdot\boldsymbol{a}+(2\boldsymbol{a})\cdot(3\boldsymbol{b})-\boldsymbol{b}\cdot\boldsymbol{a}-\boldsymbol{b}\cdot(3\boldsymbol{b})\\
&=2|\boldsymbol{a}|^2+5\boldsymbol{a}\cdot\boldsymbol{b}-3|\boldsymbol{b}|^2\\
&=2\times5^2+5\times5\times6\times\cos30°-3\times6^2\\
&=75\sqrt{3}-58
\end{aligned}
$$

【例2】已知$|\boldsymbol{a}|=3,|\boldsymbol{b}|=2,<\boldsymbol{a},\boldsymbol{b}>=60°$,求:$|\boldsymbol{a}+\boldsymbol{b}|$.

【分析】本题主要考查向量模及数量积的运算，先求$(\boldsymbol{a}+\boldsymbol{b})^2$，再求$|\boldsymbol{a}+\boldsymbol{b}|$.

解：$\because(\boldsymbol{a}+\boldsymbol{b})^2=\boldsymbol{a}^2+2\boldsymbol{a}\cdot\boldsymbol{b}+\boldsymbol{b}^2=|\boldsymbol{a}|^2+2|\boldsymbol{a}|\cdot|\boldsymbol{b}|\cos60°+|\boldsymbol{b}|^2=9+6+4=19$

$\therefore|\boldsymbol{a}+\boldsymbol{b}|=\sqrt{(\boldsymbol{a}+\boldsymbol{b})^2}=\sqrt{19}$

考一考

习 题

1. 已知$|\boldsymbol{a}|=3,|\boldsymbol{b}|=4,<\boldsymbol{a},\boldsymbol{b}>=150°$，试求：

（1）$\boldsymbol{a}\cdot\boldsymbol{b}$

（2）$(\boldsymbol{a}+\boldsymbol{b})^2$

（3）$|\boldsymbol{a}+\boldsymbol{b}|$

（4）$2\boldsymbol{a}\cdot(\boldsymbol{a}+\boldsymbol{b})$

2. 已知$\boldsymbol{a}\cdot\boldsymbol{a}=4$，$\boldsymbol{b}\cdot\boldsymbol{b}=9$，求$|\boldsymbol{a}|$、$|\boldsymbol{b}|$

3. 已知$|\boldsymbol{a}|=2,|\boldsymbol{b}|=3$，$\boldsymbol{a}\cdot\boldsymbol{b}=\frac{3}{2}$，试求（1）$|\boldsymbol{a}+\boldsymbol{b}|$；（2）$|\boldsymbol{a}-\boldsymbol{b}|$

4. 试证：$|\boldsymbol{a}\cdot\boldsymbol{b}|\leqslant|\boldsymbol{a}|\,|\boldsymbol{b}|$

5. $\triangle ABC$中，$\overrightarrow{AB}=\boldsymbol{a}$，$\overrightarrow{AC}=\boldsymbol{b}$，判断它是什么三角形？

（1）$\boldsymbol{a}\cdot\boldsymbol{b}<0$　　　　（2）$\boldsymbol{a}\cdot\boldsymbol{b}=0$

§2.4 平面向量的坐标表示

解题指引

【例 1】 已知 A、B 两点的坐标，写出自由向量$\overrightarrow{AB}$的坐标：

(1) $A(-1,\ 0)$，$B(7,\ 2)$

(2) $A(1,\ 0)$，$B(2,\ -3)$

【分析】 本题主要考查自由向量的坐标表示，自由向量的横（纵）坐标等于表示该向量的有向线段的终点横（纵）坐标减去始点横（纵）坐标.

解： (1) $\overrightarrow{AB}=(7-(-1),2-0)=(8,2)$

(2) $\overrightarrow{AB}=(2-1,-3-0)=(1,-3)$

【例 2】 平面直角坐标系 xOy 内写出下列位置向量对应的坐标：

(1) $\overrightarrow{OA}=-\boldsymbol{i}+0\boldsymbol{j}$

(2) $\overrightarrow{OB}=2\boldsymbol{i}+3\boldsymbol{j}$

(3) $\overrightarrow{OC}=4\boldsymbol{i}-\boldsymbol{j}$

【分析】 本题主要考查位置向量的坐标表示，位置向量的坐标就是其终点的坐标，

解： (1) $\overrightarrow{OA}=(-1,0)$

(2) $\overrightarrow{OB}=(2,3)$

(3) $\overrightarrow{OC}=(4,-1)$

习题

考一考

1. 已知 A、B 两点的坐标，写出自由向量$\overrightarrow{AB}$的坐标：

（1）$A(-5, 1)$，$B(0, 2)$

（2）$A(-2, 1)$，$B(0, 3)$

（3）$A(1, -5)$，$B(1, 0)$

2. 写出平面直角坐标系 xOy 内下列各点对应的位置向量：

（1）$A(-6, 0)$

（2）$B(-5, 8)$

（3）$C(\frac{1}{2}, -1)$

（4）$D(0, -\frac{2}{3})$

3. 已知 A 点及向量$\overrightarrow{AB}$的坐标，求点 B 的坐标：

（1）$A(1, 8)$，$\overrightarrow{AB}=(1, 2)$

（2）$A(-1, 0)$，$\overrightarrow{AB}=(-9, 2)$

（3）$A(0, 5)$，$\overrightarrow{AB}=(-4, -7)$

4. 平面直角坐标系 xOy 内写出下列位置向量对应的坐标：

（1）$\overrightarrow{OA}=-\frac{1}{5}\boldsymbol{i}+\boldsymbol{j}$

（2）$\overrightarrow{OB}=-\boldsymbol{i}+8\boldsymbol{j}$

（3）$\overrightarrow{OC}=-2\boldsymbol{i}-\boldsymbol{j}$

（4）$\overrightarrow{OD}=\boldsymbol{i}-0\boldsymbol{j}$

§2.5　平面向量的坐标运算

解题指引

【例1】设 $\boldsymbol{a}=-\boldsymbol{i}-2\boldsymbol{j}$，$\boldsymbol{b}=\boldsymbol{i}+3\boldsymbol{j}$，试求：$\boldsymbol{a}+\boldsymbol{b}$，$\boldsymbol{a}-\boldsymbol{b}$，$4\boldsymbol{a}$，$\boldsymbol{a}\cdot\boldsymbol{b}$.

【分析】本题主要考查向量线性运算的坐标表示及数量积运算的坐标表示，由定义知：

$\boldsymbol{a}+\boldsymbol{b}=(-1+1)\boldsymbol{i}+(-2+3)\boldsymbol{j}=0\boldsymbol{i}+\boldsymbol{j}$

$\boldsymbol{a}-\boldsymbol{b}=(-1-1)\boldsymbol{i}+(-2-3)\boldsymbol{j}=-2\boldsymbol{i}-5\boldsymbol{j}$

$4\boldsymbol{a}=-4\boldsymbol{i}-8\boldsymbol{j}$

$\boldsymbol{a}\cdot\boldsymbol{b}=-1\times1+(-2)\times3=-7$

【例2】已知△ABC 的顶点坐标分别是 $A(4,1)$、$B(7,5)$、$C(-4,7)$，求中线 AD 的长.

【分析】本题主要考查中点坐标公式与两点间距离公式要求中线 AD 的长，首先要求出 BC 边中点的坐标，根据线段中点坐标公式，有 $x=\frac{7-4}{2}=\frac{3}{2}$，$y=\frac{5+7}{2}=6$

所以 $|AD|=\sqrt{\left(4-\frac{3}{2}\right)^2+(1-6)^2}=\frac{5}{2}\sqrt{5}$

答案：$\frac{5}{2}\sqrt{5}$

考一考

习　题

一、选择题

1. 向量 $\boldsymbol{a}=(4,3)$ 与 $\boldsymbol{b}=(-2,6)$ 的数量积 $\boldsymbol{a}\cdot\boldsymbol{b}=($　　$)$.

A. $10\sqrt{10}$　　B. 18　　C. 11　　D. 10

2. 已知 $\boldsymbol{a}$，$\boldsymbol{b}$ 是非零向量且满足 $(\boldsymbol{a}-2\boldsymbol{b})\perp\boldsymbol{a}$，$(\boldsymbol{b}-2\boldsymbol{a})\perp\boldsymbol{b}$，则 $\boldsymbol{a}$ 与 $\boldsymbol{b}$ 的夹角是（　　）.

A. $\frac{\pi}{6}$　　B. $\frac{\pi}{3}$　　C. $\frac{2\pi}{6}$　　D. $\frac{5\pi}{6}$

3. 已知 $\boldsymbol{a}$、$\boldsymbol{b}$ 均为单位向量，它们的夹角是 60°，那么 $|\boldsymbol{a}+3\boldsymbol{b}|$（　　）.

A. $\sqrt{7}$　　B. $\sqrt{10}$　　C. $\sqrt{13}$　　D. 4

4. 若向量 $\boldsymbol{a}$ 与 $\boldsymbol{b}$ 的夹角是 60°，$|\boldsymbol{b}|=4$，$(\boldsymbol{a}+2\boldsymbol{b})(\boldsymbol{a}-3\boldsymbol{b})=-72$，则向量 $\boldsymbol{a}$ 的模是（　　）.

A. 2　　B. 4　　C. 6　　D. 12

5. 在边长为 1 的正 $\triangle ABC$ 中，若 $\overrightarrow{AB}=\boldsymbol{a}$，$\overrightarrow{BC}=\boldsymbol{b}$，$\overrightarrow{CA}=\boldsymbol{c}$，则 $\boldsymbol{a}\cdot\boldsymbol{b}+\boldsymbol{b}\cdot\boldsymbol{c}+\boldsymbol{c}\cdot\boldsymbol{a}$（　　）.

A. $\frac{3}{2}$　　B. $-\frac{3}{2}$　　C. 3　　D. 0

6. 下列命题正确的是（　　）.

A. 若 $\boldsymbol{a}\cdot\boldsymbol{b}=0$，则 $\boldsymbol{a}=0$ 或 $\boldsymbol{b}=0$　　B. 若 $\boldsymbol{a}\cdot\boldsymbol{b}=0$，则 $\boldsymbol{a}/\!/\boldsymbol{b}$

C. 若 $\boldsymbol{a}\perp\boldsymbol{b}$，则 $\boldsymbol{a}\cdot\boldsymbol{b}=(\boldsymbol{a}\cdot\boldsymbol{b})^2$　　D. $(\boldsymbol{a})^2>|\boldsymbol{a}|^2$

二、填空题

1. 若 $\triangle ABC$ 中顶点 A 坐标为（2，5），E、F 分别为 AB、BC 中点，已知 $\overrightarrow{EF}=(4,3)$，则 $|\overrightarrow{AC}|=$__________，C 坐标为__________.

2. 在平面直角坐标系中，有两点 $A(0,\ 1)$ 和 $B(2,\ -1)$；若点 $M(-1,\ m)$，满足 $\overrightarrow{AM}\cdot\overrightarrow{BM}=6$，则 m 的值为__________.

3. 设 $\boldsymbol{i}$、$\boldsymbol{j}$ 是两个互相垂直的单位向量，$\boldsymbol{a}=\boldsymbol{i}-3\boldsymbol{j}$，$\boldsymbol{b}=2\boldsymbol{i}+\boldsymbol{j}$，则 $(\boldsymbol{a}+2\boldsymbol{b})\cdot\boldsymbol{a}=$__________.

4. 若 $|\boldsymbol{a}|=2$，$|\boldsymbol{b}|=\sqrt{2}$，$\boldsymbol{a}$ 与 $\boldsymbol{b}$ 的夹角为 45°，则 $|\boldsymbol{a}+\boldsymbol{b}|=$__________.

5. 若向量 $\boldsymbol{a}=(1,2)$，$\boldsymbol{b}=(x,1)$，$\boldsymbol{u}=\boldsymbol{a}+2\boldsymbol{b}$，$\boldsymbol{v}=2\boldsymbol{a}$，且 $\boldsymbol{u}\perp\boldsymbol{v}$，则 $x=$__________.

三、解答题

1. 已知 $\boldsymbol{a}=(1,3)$，$\boldsymbol{b}=(-2,0)$，求：

(1) $\boldsymbol{a}\cdot\boldsymbol{b}$

(2) $\langle\boldsymbol{a},\ \boldsymbol{b}\rangle$

(3) $(\boldsymbol{a}+2\boldsymbol{b})\cdot(\boldsymbol{a}-\boldsymbol{b})$

2. (1) 已知 $\boldsymbol{a}=(3,x)$，$|\boldsymbol{a}|=5$，求 x.

(2) 已知 $\boldsymbol{b}=(y,12)$，$|\boldsymbol{b}|=13$，求 y.

3. 已知$\triangle ABC$中顶点坐标为$A(2,5)$，$B(5,2)$，$C(10,7)$，证明$\triangle ABC$为直角三角形.

4. 已知 $\boldsymbol{a}=(1,0)$，$\boldsymbol{b}=(1,1)$，求当 λ 为何值时，$(\boldsymbol{a}+\lambda\boldsymbol{b})\perp\boldsymbol{a}$?

5. 已知 $\boldsymbol{a}=(1,2)$，$\boldsymbol{b}=(4,\boldsymbol{b}_y)$，且 $\boldsymbol{a}/\!/\boldsymbol{b}$，试求 $\boldsymbol{b}_y$.

§2.6　平移公式

解题指引

【例】（1）把点 $A(2,1)$，按向量 $\boldsymbol{a}=(3,2)$ 平移，求对应点 A' 的坐标．

（2）求将点 $A(-2,5)$，$B(4,3)$ 按向量 $\boldsymbol{a}=(2,-3)$ 平移后各点的坐标及向量 $\overrightarrow{AB}$ 平移后的坐标．

（3）点 $M(8,10)$ 按 $\boldsymbol{a}$ 平移后的对应点 M' 的坐标为 $(7,4)$，求 $\boldsymbol{a}$.

【分析】点的平移公式 $\begin{cases}x'=x+h\\y'=y+k\end{cases}$ 中涉及三个坐标；点在平移前后的坐标 (x,y) 和 (x',y')，以及点的位移的向量 $\boldsymbol{a}$ 的坐标，这三个坐标在应用时要分清．

解：（1）由平移公式，得 $x'=2+3=5$，$y'=1+2=3$

∴ 对应点 A' 的坐标 $(5,3)$

（2）由平移公式 $\begin{cases}x'=x+h\\y'=y+k\end{cases}$，得对应点 $A'(0,2)$，$B'(6,0)$

$\overrightarrow{A'B'}=(6-0,0-2)=(6,-2)$

（注：可以看出 $\overrightarrow{A'B'}=\overrightarrow{AB}$，即平移不会使向量改变）

（3）由平移公式得 $\begin{cases}7=8+h\\4=10+k\end{cases}$　∴ $\begin{cases}h=-1\\k=-6\end{cases}$ 即 $\boldsymbol{a}$ 的坐标为 $(-1,-6)$

考一考

习题

1. 点 $P(7, -9)$ 按 $\boldsymbol{a}$ 平移后的对应点的坐标为 $Q(-7, 4)$，求 $\boldsymbol{a}$.

2. 点 A 按 $\boldsymbol{a}=(-1,1)$ 平移后的对应点 $B(3, 4)$，求 A 的坐标.

3. 将点 $A(-3, -1)$，$B(3, 1)$ 按向量 $\boldsymbol{a}=(6,4)$ 分别平移到 A'、B'，求点 A'、B' 及 $\overrightarrow{A'B'}$ 的坐标.

4. 已知点 $P(-2, 5)$、$O'(1, 2)$，直角坐标系 xOy 按向量 $\overrightarrow{OO'}$ 平移，求 P 点在新直角坐标系 $x'O'y'$ 中的坐标.

5. 坐标系 xOy 按向量 $(1, -2)$ 平移得新坐标系 $x'O'y'$，求点 $P(-3, 9)$ 在新坐标系中的坐标.

第 3 章　曲线方程及应用

§3.1　曲线的方程与方程的曲线

解题指引

【例 1】 与曲线 $2x^2+3y+m=0$ 关于点（1，2）对称的曲线过定点（2，1），则常数 m 的值为（　　）.

【分析】 曲线关于点对称的曲线可先求出曲线上的点关于点对称的点即可 .

解：设（x，y）是对称曲线上任意一点，则（x，y）关于（2，1）的对称点$(2-x,4-y)$在曲线 $2x^2+3y+m=0$ 上，所以，$2(2-x)^2+3(4-y)+m=0$

由题意，点（2，1）在该对称曲线上，所以，$2(2-2)^2+3(4-1)+m=0$，$\therefore m=-9$

【例 2】 $k\in R$，求两条动直线 $kx-y+2(k+1)=0$ 和 $x+ky+2(k-1)=0$ 的交点的轨迹方程 .

【分析】 要求交点的轨迹方程，只需联立解方程组即可 .

解：设交点为 $P(x,y)$，由 $\begin{cases}kx-y+2(k+1)=0\\x+ky+2(k-1)=0\end{cases}$ 得 $\begin{cases}kx-y=-2(k+1)\\x+ky=-2(k-1)\end{cases}$

两式平方相加得 $(kx-y)^2+(x+ky)^2=4[(k+1)^2+(k-1)^2]$

化简得 $(k^2+1)(x^2+y^2)=8(k^2+1)$，$\because k^2+1\neq0$

$\therefore$ 所求轨迹方程为 $x^2+y^2=8$

考一考

习 题

一、选择题

1. 曲线 $y=x^2-4x+m^2$ 和 x 轴有交点，则 m 的取值范围是（　　）.

A. $(-2, 2)$　　B. $[-2, 2]$　　C. $[-1, 1]$　　D. $(-1, 1)$

2. 若直线 $y=kx+1$ 与曲线 $x^2+y^2+kx-y=0$ 的两个交点恰好关于 y 轴对称，则 k 等于（　　）.

A. 0　　B. 1　　C. 2　　D. 3

3. 方程 $(x-y)^2+(xy-1)^2=0$ 所表示的曲线是（　　）.

A. 一条直线和一条双曲线　　B. 两条直线

C. 两个点　　D. 一条直线和一个点

4. 如图 3－1 所示的曲线的方程是（　　）.

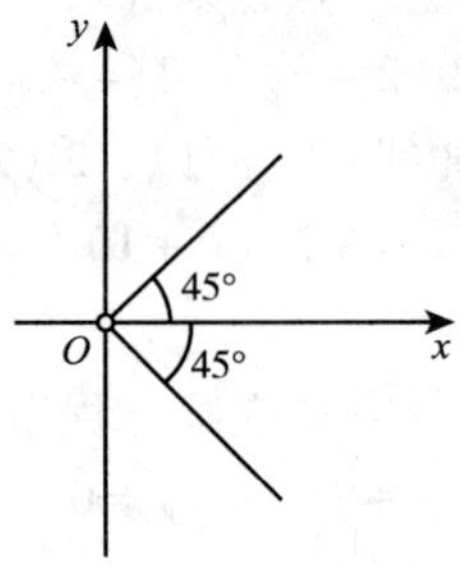

图 3－1

A. $|x|-y=0$　　B. $x-|y|=0$　　C. $\dfrac{|x|}{y}-1=0$　　D. $\dfrac{x}{|y|}-1=0$

5. 若点 (x_0, y_0) 不在曲线 $f(x,y)=0$ 上，则曲线 $f(x,y)+\lambda f(x_0,y_0)=0$（$\lambda$ 为非零常数）与曲线 $f(x,y)=0$ 的交点数为（　　）.

A. 0　　B. 1　　C. 无数个　　D. 以上都错

二、填空题

1. 曲线 $y=|x|$ 与 $x^2+(y-1)^2=1$ 的交点坐标是____________.

2. 若直线 $x+y=3\boldsymbol{a}$，$x-y=\boldsymbol{a}$ 的交点在曲线 $x^2+y^2=1$ 上，则 $\boldsymbol{a}=$____________.

3. 直线 $y=x+\dfrac{3}{2}$ 被曲线 $y=\dfrac{1}{2}x^2$ 截得的线段的长为____________.

4. 已知点 $M(-2, 0)$，$N(2, 0)$，则以 MN 为斜边的直角三角形的直角顶点 P 的轨迹方程为____________________.

5. $\triangle ABC$ 的一边的两个端点是 $B(0, 6)$ 和 $C(0, -6)$，另两边的斜率乘积是 $\dfrac{4}{9}$，则顶点 A 的轨迹方程是____________________.

三、解答题

1. 若抛物线 $y = x^2 + mx + 2$ 与以 $A(0, 1)$，$B(2, 3)$ 为端点的线段 AB 有两个不同的交点，求实数 m 的取值范围.

2. 已知点 $F(\frac{1}{4}, 0)$，直线 $l: x = -\frac{1}{4}$，点 B 是 l 上的动点，若过 B 垂直于 y 轴的直线与线段 BF 的垂直平分线交于点 M，求 M 点的轨迹方程.

§3.2　直线与直线的位置关系

解题指引

【例1】 求过点 $P(1,2)$ 且与直线 $x-3y+1=0$ 平行的直线方程．

【分析】 与直线 $x-3y+1=0$ 平行的直线方程可设为：$x-3y+D=0$，然后代入 P 点坐标求出 D 即可．

解： 依题意设所求直线方程为：$x-3y+D=0$，该直线过点 $P(1,2)$，

代入方程中 $1-3\times2+D=0$，$D=5$，则直线方程为：$x-3y+5=0$

【例2】 求点 $P(1,2)$ 到直线 $3x+4y+5=0$ 的距离．

【分析】 利用点到直线的距离公式 $d=\dfrac{|Ax_0+By_0+C|}{\sqrt{A^2+B^2}}$，代入数据即可．

解： 已知的点为 $P(1,2)$，则 $x_0=1$，$y_0=2$，直线为 $3x+4y+5=0$，则 $A=3$，$B=4$，$C=5$，代入 $d=\dfrac{|Ax_0+By_0+C|}{\sqrt{A^2+B^2}}=\dfrac{|3\times1+4\times2+5|}{\sqrt{3^2+4^2}}=\dfrac{16}{5}$

【例3】 如果直线 l 与直线 $3y-2=0$ 相交于点 $A(3,\dfrac{2}{3})$，且两条直线的夹角为45°，求直线 l 的方程．

【分析】 已知直线过一已知点，当斜率存在时，只要能求出所求直线的斜率即可用点斜式求直线方程．

解： 显然，直线 l 的斜率存在．设所求直线的斜率为 k，已知直线 $3y-2=0$ 的斜率为0，由题意知：$\tan 45°=\left|\dfrac{k-0}{1+k\times0}\right|$，解得：$k=\pm1$

当 $k=1$ 时，所求直线方程为 $y-\dfrac{2}{3}=x-3$，即 $3x-3y-7=0$

当 $k=-1$ 时，所求直线方程为 $y-\dfrac{2}{3}=-(x-3)$，即 $3x+3y-11=0$

所以所求直线方程为 $3x-3y-7=0$ 或 $3x+3y-11=0$

习　题

考一考

1. 选择题

（1）直线 $y=2x+1$ 和直线 $x+2y-1=0$ 的位置关系是（　　）.

A. 平行　　B. 垂直　　C. 重合　　D. 相交不垂直

（2）两条直线 $l_1: x-3y+1=0$ 与直线 $l_2: x+2y-5=0$ 的夹角为（　　）.

A. $\frac{\pi}{2}$　　B. $\frac{\pi}{4}$　　C. $\frac{3\pi}{4}$　　D. $\arctan\sqrt{2}$

（3）已知直线 $l: y=\frac{1}{2}x+1$，则与 l 垂直的直线斜率为（　　）.

A. 2　　B. -2　　C. $\frac{1}{2}$　　D. $-\frac{1}{2}$

（4）直线 $2x-3y=0$ 与直线 $4x-6y+c=0$ 平行，则 c 的值（　　）.

A. 等于0　　B. 等于2　　C. 不等于0　　D. 不确定

2. 求过点 $A(2,-1)$ 且与直线 $x+2y+1=0$ 平行的直线方程.

3. 求过点 $B(-3,4)$ 且与直线 $3x-2y+5=0$ 垂直的直线方程.

4. 已知直线 $l_1: ax+2y+6=0$ 与直线 $l_2: x+(a-1)y+a^2-1=0$ 平行，求 a 的值.

5. 求两条平行线 $3x-4y+2=0$ 与 $3x-4y+11=0$ 间的距离.

6. 已知直线 l 经过点（1，2），（-1，-5），求经过点（2，3）且平行于直线 l 的直线方程．

7. 点 $P(2, 3)$ 到直线 $ax+(a-1)y+3=0$ 的距离等于3，则求 a 的值．

8. 已知 $\triangle ABC$，$A(-1, 2)$，$B(5, 1)$，$C(3, -1)$，求过顶点 C 且平行于底边 AB 的直线方程．

9. 已知 $A(2, -1)$，$B(-1, 3)$，$C(3, 4)$，求 $\triangle ABC$ 中 AB 边上的高所在的直线方程．

10. 过点 $A(-2, m)$，$B(m, 4)$ 的直线与已知直线 $y=-2x+1$ 平行，则 m 的值是多少？

11. 已知 $A(1, 3)$，$B(-5, 1)$，求线段 AB 的垂直平分线的方程．

12. 直线 $2x-y-4=0$ 绕它与 x 轴的交点逆时针旋转 $\frac{\pi}{4}$，求所得的直线方程．

§ 3.3 圆

解题指引

【例 1】求过点 $A(2,-3)$，$B(-2,-5)$ 且圆心在直线 $x-2y-3=0$ 上的圆的方程．

【分析】先设圆的标准方程，采用待定系数法即可求解．

解法 1：设所求的圆的方程为 $(x-a)^2+(y-b)^2=r^2$

由条件知 $\begin{cases}(2-a)^2+(-3-b)^2=r^2,\\(-2-a)^2+(-5-b)^2=r^2,\\a-2b-3=0\end{cases}$ 解得 $a=-1$，$b=-2$

$\therefore r^2=10$，即所求的圆方程为 $(x+1)^2+(y+2)^2=10$

解法 2：由已知条件知圆心为 AB 的中垂线与 $x-2y-3=0$ 的交点，且

$k_{AB}=\dfrac{1}{2}$，AB 中点为（0，－4），$\therefore AB$ 中垂线方程为 $2x+y+4=0$

由 $\begin{cases}2x+y+4=0,\\x-2y-3=0,\end{cases}$ 得 $\begin{cases}x=-1,\\y=-2,\end{cases}$ $\therefore$ 圆心为（－1，－2）

$\therefore r^2=(2+1)^2+(-3+2)^2=10$

$\therefore$ 所求的圆的方程为 $(x+1)^2+(y+2)^2=10$

【例 2】已知圆的方程是 $x^2+y^2=4$，求过点 $A(2,4)$ 的圆的切线方程．

【分析】由直线与圆的相切关系可知，圆心到直线的位置关系等于半径．

解：设切线方程为 $y-4=k(x-2)$，由点到直线的距离公式得 $\dfrac{|k\cdot 0-0+4-2k|}{\sqrt{k^2+1}}=2$，

解得 $k=\dfrac{3}{4}$ 故切线方程为 $3x-4y+10=0$

又 $2^2+4^2>4$，$\therefore$ 点 $A(2,4)$ 在圆外，圆的切线应有两条，其中一条的斜率不存在，且过点 $A(2,4)$，故方程为 $x=2$。所求切线方程为 $3x-4y+10=0$ 与 $x=2$

考一考

习　题

一、选择题

1. 若一圆的标准方程为$(x-1)^2+(y+5)^2=3$，则此圆的圆心和半径分别是（　　）.

A. $(-1,5)$，$\sqrt{3}$　　B. $(1,-5)$，$\sqrt{3}$

C. $(-1,5)$，3　　D. $(1,-5)$，3

2. 若点P的坐标是$(5\cos\theta,4\sin\theta)$，圆$C$的方程为$x^2+y^2=25$，则点$P$与圆$C$的位置关系是（　　）.

A. 点P在圆C内　　B. 点P在圆C上

C. 点P在圆C内或圆C上　　D. 点P在圆C上或圆C外

3. 若方程$x^2+y^2-x+y+m=0$表示圆，则实数m的取值范围为（　　）.

A. $m<\frac{1}{2}$　　B. $m<0$　　C. $m>\frac{1}{2}$　　D. $m\leqslant\frac{1}{2}$

4. 如果圆的方程为$x^2+y^2+kx+2y+k^2=0$，那么当圆面积最大时，圆心坐标为（　　）.

A. $(-1,1)$　　B. $(1,-1)$　　C. $(-1,0)$　　D. $(0,-1)$

5. 圆$x^2+y^2+2x+4y-3=0$上到直线$x+y+1=0$的距离为$\sqrt{2}$的点共有（　　）.

A. 1个　　B. 2个　　C. 3个　　D. 4个

二、填空题

1. 圆$x^2+y^2-6x+4y=0$的圆心在曲线$(a-1)x^2+2ay-1=0$上，则a的值为__________.

2. 已知过圆心$(2,-3)$的一条直径的两端点落在坐标轴上，则此圆方程为__________.

3. 过两圆$x^2+y^2+6x-4=0$和$x^2+y^2+6y-28=0$的交点且圆心在$x-y-4=0$上的圆方程为__________.

4. 两圆相交于两点$(1,3)$和$(m,-1)$，两圆圆心都在直线$x-y+c=0$上，则$m+c=$________.

5. 直线$3x+4y+m=0$与圆$x^2+y^2-5y=0$交于两点A、B，且$OA\perp OB$（O为原点），则m的值为__________.

三、解答题

1. 圆与直线$2x+3y-10=0$相切于点$P(2,2)$，并且过点$M(-3,1)$，求圆方程.

2. 求圆心在y轴上，且与直线$l_1:4x-3y+12=0$，直线$l_2:3x-4y-12=0$都相切的圆的方程.

§3.4　椭圆

解题指引

【例1】已知椭圆的焦点 $F_1(0,\ -4)$ 和 $F_2\ (0,\ 4)$，且点 $P(\sqrt{5},\ -3\sqrt{3})$ 在椭圆上，那么椭圆的标准方程是____________.

【分析】由题目中所给的椭圆的焦点坐标可知，线段 F_1F_2 的中点是原点，即椭圆的中心在原点，长轴在 y 轴上，因此可用待定系数法求椭圆的标准方程.

解：由题设条件，可设所求椭圆的方程为$\frac{x^2}{b^2}+\frac{y^2}{a^2}=1(a>b>0)$

半焦距 $c=\sqrt{a^2-b^2}=4$

$\therefore a^2-b^2=16$ （1）

又点 $P(\sqrt{5},\ -3\sqrt{3})$ 在椭圆上，所以$\frac{(\sqrt{5})^2}{b^2}+\frac{(-3\sqrt{3})^2}{a^2}=1$，即：

$\frac{5}{b^2}+\frac{27}{a^2}=1$ （2）

联立（1）式和（2）式解得 $a^2=36$；$b^2=20$

故所求的椭圆的标准方程为$\frac{x^2}{20}+\frac{y^2}{36}=1$

答案：$\frac{x^2}{20}+\frac{y^2}{36}=1$

【例2】求以原点为中心，坐标轴是对称轴，经过点（6，0），且长轴与短轴之比为2：1的椭圆的方程.

【分析】从题目已知条件看，椭圆的焦点不能唯一确定，须分两种情况加以讨论：焦点在 x 轴上$\frac{x^2}{a^2}+\frac{y^2}{b^2}=1(a>b>0)$和焦点在 y 轴上$\frac{y^2}{a^2}+\frac{x^2}{b^2}=1(a>b>0)$. 再根据已知条件，利用待定系数法求得相关的系数 a^2、b^2的值即可.

解：根据题意推知椭圆的焦点在 x 轴或在 y 轴上，现分别加以讨论：

（1）当椭圆的焦点在 x 轴上时，可设所求的椭圆的标准方程为$\frac{x^2}{a^2}+\frac{y^2}{b^2}=1(a>b>0)$

$\because$ 椭圆经过点（6，0），$\therefore \frac{6^2}{a^2}+\frac{0^2}{b^2}=1$，即：

$\frac{36}{a^2}=1$ （1）

又$\because$ 椭圆的长轴与短轴之比为2：1，$\therefore \frac{2a}{2b}=\frac{2}{1}$，即：

$a=2b$ （2）

将（1）式和（2）式联立得：$\begin{cases}\dfrac{36}{a^2}=1\\ a=2b\end{cases}$ 解得：$a^2=36$，$b^2=9$

因此，焦点在 x 轴上的椭圆的标准方程为$\dfrac{x^2}{36}+\dfrac{y^2}{9}=1$

（2）当椭圆的焦点在 y 轴上时，可设所求的椭圆的标准方程为$\dfrac{y^2}{a^2}+\dfrac{x^2}{b^2}=1(a>b>0)$

$\because$ 椭圆经过点（6，0），$\therefore \dfrac{0^2}{a^2}+\dfrac{6^2}{b^2}=1$，即：

$\dfrac{36}{b^2}=1$ （1）

又$\because$ 椭圆的长轴与短轴之比为 $2:1$，$\therefore \dfrac{2a}{2b}=\dfrac{2}{1}$，即：

$a=2b$ （2）

将（1）式和（2）式联立得：$\begin{cases}\dfrac{36}{b^2}=1\\ a=2b\end{cases}$ 解得：$a^2=144$，$b^2=36$

因此，焦点在 y 轴上的椭圆的标准方程为$\dfrac{y^2}{144}+\dfrac{x^2}{36}=1$.

答案：$\dfrac{x^2}{36}+\dfrac{y^2}{9}=1$ 或$\dfrac{y^2}{144}+\dfrac{x^2}{36}=1$

考一考

习　题

一、选择题

1. 已知椭圆的焦点到中心的距离是它相应的准线到中心的距离的$\frac{1}{3}$，这个椭圆的离心率是（　　）.

A. $\frac{1}{3}$　　B. $\sqrt{3}$　　C. $\frac{\sqrt{3}}{3}$　　D. $\frac{1}{9}$

2. 方程$(a-1)x^2+(2-a)y^2=(a-1)(2-a)$中，当$1<a<2$时，它表示（　　）.

A. 椭圆或圆　　B. 双曲线　　C. 椭圆　　D. 圆

3. 椭圆的焦距是4，准线间的距离是20，则椭圆的标准方程是（　　）.

A. $\frac{x^2}{20}+\frac{y^2}{16}=1$　　B. $\frac{x^2}{16}+\frac{y^2}{20}=1$

C. $\frac{x^2}{40}+\frac{y^2}{24}=1$　　D. $\frac{x^2}{20}+\frac{y^2}{16}=1$或$\frac{x^2}{16}+\frac{y^2}{20}=1$

4. 已知椭圆$\frac{x^2}{25}+\frac{y^2}{16}=1$，那么椭圆上任一点$M$与两焦点$F_1$、$F_2$构成的三角形的周长是（　　）.

A. 18　　B. 14　　C. 16　　D. 17

5. 设F_1和F_2为椭圆$\frac{x^2}{16}+\frac{y^2}{9}=1$的两个焦点，点$A$在椭圆上，且满足$\angle F_1AF_2=90°$，则$\triangle F_1AF_2$的面积等于（　　）.

A. 9　　B. 18　　C. 20　　D. 12

二、填空题

1. 椭圆$8x^2+9y^2=72$的长轴长是__________，短轴长是__________，焦点坐标是__________，离心率$e=$__________，准线方程是__________.

2. 椭圆$\frac{x^2}{16}+\frac{y^2}{25}=1$的焦点在__________轴上，椭圆上任意一点到两个焦点的距离的和是__________.

3. 焦距是4，离心率为$\frac{\sqrt{2}}{2}$的椭圆，两条准线的距离是__________.

4. 如果方程$x^2+ky^2=2$表示焦点在y轴上的椭圆，则实数k的取值范围是__________.

5. 椭圆$\frac{x^2}{9}+\frac{y^2}{25}=1$短轴的一个端点为$A$，焦点为$F_1$、$F_2$，$\triangle AF_1F_2$的周长为__________.

三、解答题

1. 求以原点为中心，通过两点（3，4），（2，6）的椭圆方程.

2. 求出以原点为中心，坐标轴是对称轴，经过点（3，0），且长轴与短轴之比为4∶3的椭圆的方程.

3. 已知椭圆同侧的焦点与顶点的距离为1，焦点到相应准线的距离为$\frac{5}{2}$的椭圆.

§ 3.5　双曲线

解题指引

【例 1】 已知双曲线的实轴在 x 轴上，虚轴在 y 轴上，而且两轴长的和为 28，焦距为 20，那么双曲线的渐进线方程为____________________.

【分析】 由于实轴与虚轴的交点是原点，故双曲线的中心在原点．且双曲线的实轴在 x 轴上，故又可推知双曲线的方程为 $\frac{x^2}{a^2}-\frac{y^2}{b^2}=1(a>0,b>0)$，再用待定系数法求出方程后，即可求渐近线方程($y=\pm\frac{b}{a}x$).

解： 由已知条件，可设所求双曲线的方程为 $\frac{x^2}{a^2}-\frac{y^2}{b^2}=1(a>0,b>0)$

依题又知 $2a+2b=28$，即 $a+b=14$

$2c=2\sqrt{a^2+b^2}=20$，即：$a^2+b^2=100$

所以 $\begin{cases}a+b=14\\a^2+b^2=100\end{cases}$，解得：$a=6$，$b=8$ 或 $a=8$，$b=6$

所以，双曲线的渐进线方程 $y=\pm\frac{4}{3}x$ 或 $y=\pm\frac{3}{4}x$

答案：$y=\pm\frac{4}{3}x$ 或 $y=\pm\frac{3}{4}x$

【例 2】 求以原点为中心，$y=\pm\sqrt{2}x$ 为渐进线，且经过点 $P(3，8)$ 的双曲线方程．

【分析】 根据已知，可用假设排除法推知双曲线的焦点在 y 轴上，且 $\frac{a}{b}=\sqrt{2}$，从而可利用待定系数法即可求得双曲线方程．

解： 由已知条件，可得双曲线的焦点在 y 轴上，从而设所求双曲线标准方程为

$\frac{y^2}{a^2}-\frac{x^2}{b^2}-1(a>0,b>0)$

渐近线方程为 $y=\pm\frac{a}{b}x=\pm\sqrt{2}x$，即：$\frac{a}{b}=\sqrt{2}$，即：

$a=\sqrt{2}b$　　(1)

又因为双曲线经过点 $P(3,8)$，将其代入方程 $\frac{y^2}{a^2}-\frac{x^2}{b^2}=1(a>0,b>0)$ 中得：

$\frac{8^2}{a^2}-\frac{3^2}{b^2}=1$，即：

$\frac{64}{a^2}-\frac{9}{b^2}=1$　　(2)

将（1）式和（2）式联立得：$\begin{cases} a=\sqrt{2}b \\ \dfrac{64}{a^2}-\dfrac{9}{b^2}=1 \end{cases}$ 解得：$b^2=23$，$a^2=46$，所以，所求得双曲线方程为$\dfrac{y^2}{46}-\dfrac{x^2}{23}=1$

答案：$\dfrac{y^2}{46}-\dfrac{x^2}{23}=1$

考一考

习 题

一、选择题

1. 顶点间距离是2，渐近线方程为 $y=\pm x$ 的双曲线的方程是（　　）.

A. $x^2-y^2=1$　　B. $x^2-y^2=2$

C. $x^2-y^2=1$ 或 $x^2-y^2=-1$　　D. $x^2-y^2=2$ 或 $x^2-y^2=-2$

2. 当方程 $\frac{x^2}{9-k}+\frac{y^2}{4-k}=1$ 表示焦点在 x 轴上的双曲线时，k 的取值范围是（　　）.

A. $k<4$　　B. $4<k<9$

C. $k<9$　　D. $k>9$

3. 双曲线 $\frac{x^2}{16}-\frac{y^2}{9}=1$ 上任一点 A 到此双曲线距离较近的一个焦点的距离是4，则点 A 到另一个焦点的距离是（　　）.

A. 10　　B. 11

C. 12　　D. 13

4. 双曲线的两准线将两焦点间的距离三等分，则该双曲线的离心率是（　　）.

A. $\frac{\sqrt{3}}{3}$　　B. $\sqrt{3}$　　C. 3　　D. $\frac{1}{3}$

5. 双曲线的渐近线方程为 $y=\pm\frac{1}{2}x$，则离心率为（　　）.

A. $\frac{\sqrt{5}}{2}$　　B. $\sqrt{5}$　　C. $\frac{\sqrt{5}}{2}$或$\sqrt{5}$　　D. $\frac{2\sqrt{5}}{5}$或$\frac{\sqrt{5}}{5}$

二、填空题

1. 双曲线 $\frac{x^2}{16}-\frac{y^2}{9}=1$ 的实轴长是__________，虚轴长是__________，顶点坐标是__________，渐近线方程是_______________.

2. 已知 $F_1(-10,0)$，$F_2(10,0)$，曲线上的动点 P 到 F_1、F_2 的距离之差的绝对值为8，则该曲线为__________，其方程为__________

3. 长轴是短轴的3倍，一个焦点坐标是（4，0）的椭圆的标准方程是______________，经过点 $(-\sqrt{5},4)$，$(-1,-\frac{4\sqrt{15}}{5})$ 的双曲线的标准方程是____________________；顶点在原点，焦点在圆 $x^2+y^2-4x=0$ 的圆心的抛物线的标准方程是____________________.

4. 已知双曲线中心在原点，焦点在 y 轴上，焦距为8，渐近线的斜率为 $\pm\frac{1}{3}$，则双曲线方程为____________________.

5. 双曲线 $\frac{x^2}{m-1}-\frac{y^2}{m+1}=1$ 的离心率为 $\frac{3}{2}$，则实数 m 的值是__________.

三、解答题

1. 在双曲线 $x^2-y^2=1$ 的右支上的一点 $P(a, b)$ 到直线 $y=x$ 的距离等于$\sqrt{2}$，求 a、b.

2. 求以椭圆$\frac{x^2}{8}+\frac{y^2}{5}=1$的焦点为顶点，且以椭圆的顶点为焦点的双曲线方程.

§3.6　抛物线

解题指引

【例 1】 抛物线 $x^2 = -16y$ 上一点 P 到焦点的距离是 6，则点 P 的坐标是（　　）.

A. $(4\sqrt{2}, -2)$ 或 $(-4\sqrt{2}, -2)$　　B. $(4\sqrt{2}, 2)$

C. $(4, 1)$　　D. $(-4, 1)$

【分析】 此题考查抛物线方程及图像的联系，解法也不唯一，要求符合条件的点 P 的坐标，可采用设点代入求值法，也可以从图像入手，采用数形结合的方式，得到所要的坐标值.

解法 1：设所求的点 P 的坐标为 $P(x_0, y_0)$

$\because$ 抛物线 $x^2 = -16y$ 焦点的坐标为 $F(0, -4)$

$\therefore$ 根据题意得：

$$|PF| = \sqrt{x_0{}^2 + [y_0 - (-4)]^2} = 6 \tag{1}$$

又 $\because$ 点 P 在抛物线 $x^2 = -16y$ 上，

$$\therefore x_0{}^2 = -16y_0 \tag{2}$$

将（1）式和（2）式联立得 $\begin{cases} \sqrt{x_0{}^2 + [y_0 - (-4)]^2} = 6 \\ x_0{}^2 = -16y_0 \end{cases}$

解上方程组得：$\begin{cases} x_0 = 4\sqrt{2} \\ y_0 = -2 \end{cases}$ 或 $\begin{cases} x_0 = -4\sqrt{2} \\ y_0 = -2 \end{cases}$

即：所求点 P 的坐标为（$4\sqrt{2}$，-2）或（$-4\sqrt{2}$，-2）

解法 2：设所求的点 P 的坐标为 $P(x_0, y_0)$

由题知：抛物线 $x^2 = -16y$ 焦点的坐标为 $F(0, -4)$，准线方程为 $y = 4$

又由抛物线的定义知：点 P 到焦点的距离等于点 P 到准线的距离（见图 3-2）.

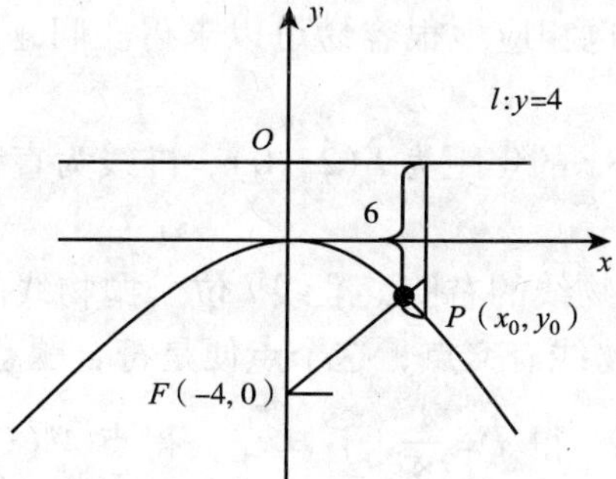

图 3-2

$\therefore$ 点 $P(x_0, y_0)$ 到准线 $y=4$ 的距离为6

故可推知 $|y_0|=6-4=2$

$\therefore y_0=-2$ 或 $y_0=2$（舍去）

又$\because$ 点 P 在抛物线 $x^2=-16y$ 上

$\therefore {x_0}^2=-16y_0$

$\therefore {x_0}^2=(-16)\times(-2)=32$

$\therefore x_0=\pm4\sqrt{2}$

即：所求点 P 的坐标为 $(4\sqrt{2}, -2)$ 或 $(-4\sqrt{2}, -2)$

【例2】 已知抛物线的顶点在原点，焦点在 x 轴上，直线 $y=2x+1$ 被该抛物线截得的线段长为 $\sqrt{15}$，求该抛物线的方程.

【分析】 由题知，所求抛物线开口向右或向左，因此可将其设为 $y^2=Ax$（A 为待定常数），与直线 $y=2x+1$ 联立后求利用韦达定理以及线段长为 $\sqrt{15}$ 这一条件，求得系数 A 后，便得所求抛物线方程.

解：依题意，可设所求抛物线的方程为 $y^2=Ax$，式中，A 为待定常数，将 $y=2x+1$ 代入，得 $4x^2+(4-A)x+1=0$. 设直线 $y=2x+1$ 与抛物线的两个交点为 $M(x_1, y_1)$ 和 $N(x_2, y_2)$，则 x_1、x_2 是这个一元二次方程的解，根据韦达定理得：$x_1+x_2=\dfrac{A-4}{4}$，$x_1x_2=\dfrac{1}{4}$，所以

$$|MN|=\sqrt{(x_1-x_2)^2+(y_1-y_2)^2}=\sqrt{5(x_1-x_2)^2}=\sqrt{5[(x_1+x_2)^2]-4x_1x_2}$$
$$=\frac{1}{4}\sqrt{5[(A-4)^2-16]}$$

由 $|MN|=\sqrt{15}$ 得：$\dfrac{1}{4}\sqrt{(A-4)^2-16}=\sqrt{3}$，即：$(A-4)^2=64$

所以 $A=4\pm8$，即 $A=12$ 或 $A=-4$

故所求的抛物线方程为 $y^2=-4x$ 或 $y^2=12x$

【例3】 给定抛物线 $y^2=8x$ 和定点 $P(3, 2)$，在抛物线上求点 M，使 M 到 P 的距离与到抛物线焦点的距离之和最小，并求出这个最小值.

【分析】 此题避免盲目设 M 的坐标并用代入法求距离最小值。此题可先作图辅助分析，利用抛物线的定义（抛物线上的点到焦点 F 的距离和到准线 l 的距离相等），从而很快能找到符合题意的点 M，其坐标点也相应地很容易可以求得。问题的关键是应对得到 M 点加以严格的证明方可.

解：由题知，抛物线 $y^2=8x$ 的焦距为 $F(2, 0)$，准线为直线：$l: x=-2$（如图3-3所示）

点 $P(3, 2)$ 与 F 位于抛物线的右侧，准线 l 位于抛物线的左侧，所以过点 P 作 $PA\perp l$，A 是垂足，则线段 PA 与抛物线有交点，这个点便是符合题意的所要求的点 M，其纵坐标与点 P 的纵坐标相等，即 $y=2$. 得 $x=\dfrac{1}{8}$，$y^2=\dfrac{1}{2}$，得点 $M(\dfrac{1}{2}, 2)$ 即为所求的点，证明如下：

连接 MF，并且在抛物线上任取一点 N，连接 NP，NF，过 N 作 l 的垂线段 NB，B 是垂足，则有 $|NP|+|NF|=|NP|+|NB|$，又 $|MP|+|MF|=|MP|+|MA|=|PA|$

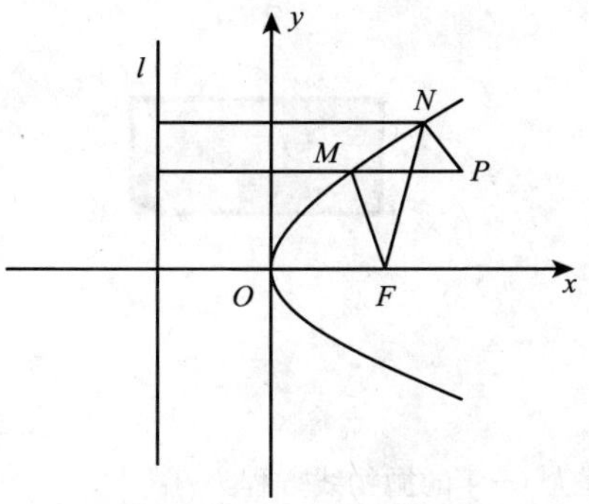

图 3－3

当 N 与 M 不重合时，四边形 $PABN$ 是一个直角梯形，故 $|NP|+|NB|>|PA|$

当 N 与 M 重合时，B 与 A 重合，故 $|NP|+|NB|=|PA|$

所以，$|NP|+|NB|\geqslant|PA|=|MP|+|MF|$

当且仅当 N 与 M 重合时取等号，故 M 为符合题意的点，这时有：

$|MP|+|MF|=|PA|=3-(-2)=5$

即抛物线上的点到焦点的距离之和最小值为 5.

考一考

习 题

一、选择题

1. 顶点在坐标原点，准线方程为 $y=4$ 的抛物线方程为（　　）.

A. $y^2=-8x$　　B. $x^2=8y$　　C. $x^2=-16y$　　D. $y^2=16x$

2. 抛物线 $x^2-8y=0$ 上一点 M 到准线的距离是4，则点 M 的坐标是（　　）.

A. (4, 2)　　B. (−4, 2)

C. (4, 2) 或 (−4, 2)　　D. (2, 4)

3. 已知抛物线 $y^2=4x+a$ 的焦点在圆 $(x-1)^2+(y+1)^2=5$ 的内部，则 a 的取值范围是（　　）.

A. (−4, 12)　　B. (−1, 3)　　C. (−2, 2)　　D. (−8, 8)

4. 圆心在抛物线 $y^2=2px$ ($p>0$) 上，且与 x 轴及抛物线的准线相切的圆（　　）.

A. 有且仅有一个　　B. 不存在

C. 有且仅有两个　　D. 最多有4个

5. 抛物线 $y^2=-4x$ 与圆 $(x-2)^2+y^2=16$ 的交点的个数是（　　）.

A. 0　　B. 1　　C. 2　　D. 3

二、填空题

1. 一个正三角形有两个顶点在抛物线 $y^2=2px$ 上，另一个顶点在坐标原点，这个正三角形的边长是____________.

2. 已知 A、B 为抛物线 $y^2=3x$ 上的两点，O 为顶点，$OA\perp OB$，当点 A 的坐标为 $(2, \sqrt{6})$ 时，AB 的长是____________.

3. 焦点在直线 $3x-4y-12=0$ 上的抛物线的标准方程为__________________.

4. 过抛物线 $y^2=4x$ 的焦点作直线交抛物线于 $A(x_1, y_1)$，$B(x_2, y_2)$ 两点，若 $x_1+x_2=6$，则 $|AB|$ 等于____________.

5. P 是抛物线 $y^2=6x$ 上的点，若 P 到点 $\left(\frac{3}{2}, 0\right)$ 的距离为15，则 P 到直线 $2x+5=0$ 的距离是____________.

三、解答题

1. 椭圆的短轴长是4，中心与抛物线 $y^2=4x$ 的顶点重合，一个焦点与抛物线的焦点重合，求椭圆的长轴长和方程.

2. 设直线 $y=2x+b$ 与抛物线 $y^2=4x$ 交于 A、B 两点（见图 3－4），已知弦 $|AB|=3\sqrt{5}$，点 P 为抛物线上一点；$\triangle PAB$ 的面积为 30，求点 P 的坐标.

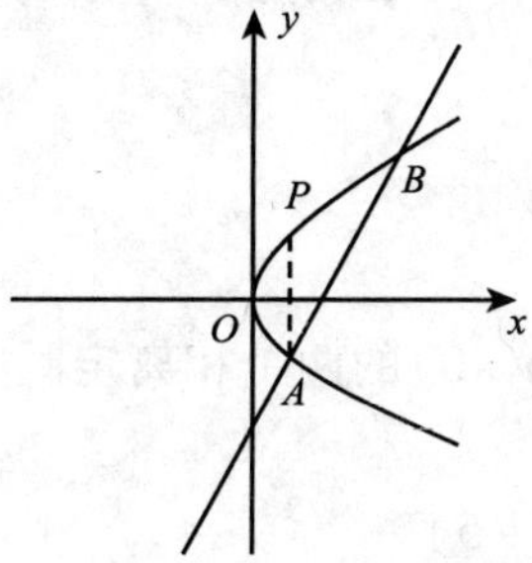

图 3－4

§3.7 曲线方程的应用

解题指引

【例1】 求证到圆心距离为 $a(a>0)$ 的两个相离定圆的切线长相等的点的轨迹是直线.

【分析】 本题涉及的知识点:

(1) 建立直角坐标系(见图3-5)

(2) 直角三角形的勾股定理 $a^2+b^2=c^2$

(3) 圆的圆心、切点、切线的关系.

证明: 建立平面直角坐标系,设圆 O 以原点 O 为圆心,r 为半径,圆 A 以点 $A(a,0)$ 为圆心,半径为 R,过点 $P(x,y)$ 的直线 PB 与圆 O 相切于点 B,直线 PC 与圆 A 相切于点 C,且 $PB=PC$(见图3-5).

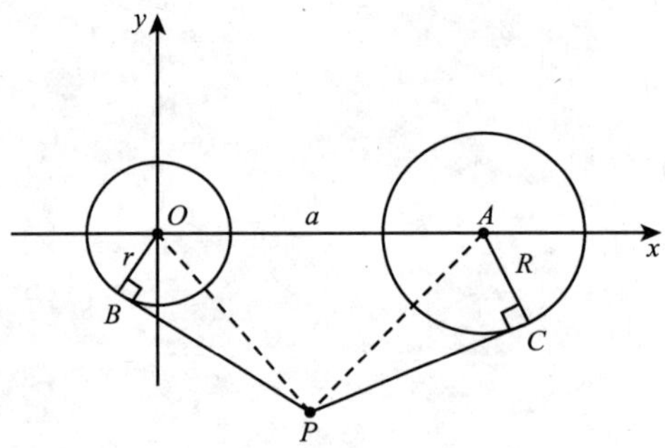

图3-5

$\therefore$ 圆 O 的方程为 $x^2+y^2=r^2$

圆 A 的方程为 $(x-a)^2+y^2=R^2$

$\because PB=PC \quad \therefore PB^2=PC^2$

由勾股定理得 $PO^2-OB^2=PA^2-AC^2$

即 $x^2+y^2-r^2=(x-a)^2+y^2-R^2$

化简得 $x=\dfrac{a^2+r^2-R^2}{2a}$ $(a>0)$. 这就是点 P 的轨迹方程,它表示一条垂直于 x 轴的直线.

【例2】 正三角形的一个顶点位于坐标原点,另外两个顶点在抛物线 $y^2=2px$ $(p>0)$ 上,求这个正三角形的边长.

【分析】 观察图3-6,正三角形及抛物线都是轴对称图形,如果能证明 x 轴是它们公共的对称轴,则容易求出三角形边长.

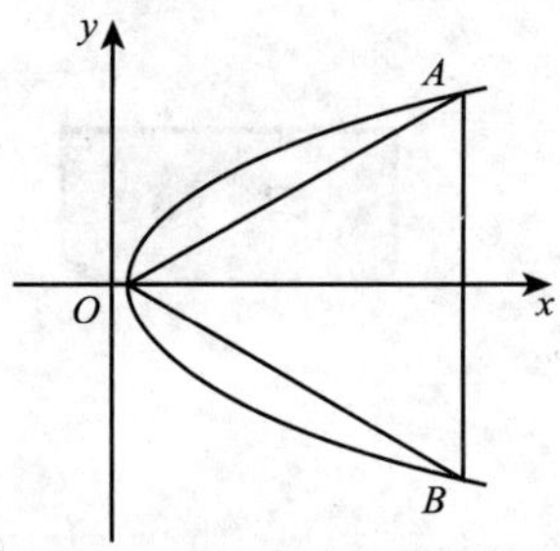

图 3－6

解：如图 3－6 所示，设正三角形 OAB 的顶点 A、B 在抛物线上，且坐标分别为（x_1，y_1）、（x_2，y_2）

则 $y_1^2=2px_1, y_2^2=2px_2$　又 $|OA|=|OB|$，所以 $x_1^2+y_1^2=x_2^2+y_2^2$

即 $x_1^2-x_2^2+2px_1-2px_2=0$

$(x_1^2-x_2^2)+2p(x_1-x_2)=0, (x_1-x_2)(x_1+x_2+2p)=0$

$\because x_1>0$，$x_2>0$，$2p>0$，$\therefore x_1=x_2$

由此可得 $|y_1|=|y_2|$，即线段 AB 关于 x 轴对称．

因为 x 轴垂直于 AB，且 $\angle AOx=30°$，所以 $\frac{y_1}{x_1}=\tan 30°=\frac{\sqrt{3}}{3}$

$\because x_1=\frac{y_1^2}{2p}$，$\therefore y_1=2\sqrt{3}p$　$\therefore |AB|=2y_1=4\sqrt{3}p$

考一考

习 题

一、选择题

1. 若过点 P（-2，1）作圆$(x-3)^2+(y+1)^2=r^2$ 的切线有且只有一条，则圆的半径 r 为（　　）.

A. 29　　　　B. $\sqrt{29}$

C. 小于 $\sqrt{29}$　　　　D. 大于 $\sqrt{29}$

2. 圆 $C: x^2+y^2-4x+2y+m=0$ 与 y 轴交于 A，B 两点，圆心为 C，若 $\angle ACB=\frac{\pi}{2}$，则 m 的值是（　　）.

A. -3　　　　B. $2\sqrt{2}$

C. 3　　　　D. 8

3. 2003 年 10 月 15 日，我国成功地发射了“神舟五号”飞船，已知飞船的运行轨道是以地球中心为一个焦点的椭圆，设其近地点距地面 n 千米，远地点距地面 m 千米，那么这个椭圆的焦距为（单位：千米）（　　）.

A. $m+n$　　　　B. $m-n$

C. mn　　　　D. $\frac{m}{n}$

4. 中心在原点，离心率为$\frac{5}{3}$的双曲线的焦点在 y 轴上，则它的渐近线方程为（　　）.

A. $y=\pm\frac{5}{4}x$　　　　B. $y=\pm\frac{4}{5}x$

C. $y=\pm\frac{4}{3}x$　　　　D. $y=\pm\frac{3}{4}x$

5. 已知直线 l 与抛物线$y^2=8x$ 交于 A、B 两点，且 l 经过抛物线的焦点，A 点的坐标为（8，8），则线段 AB 中点到准线的距离是（　　）.

A. 25　　　　B. 4

C. $\frac{4}{25}$　　　　D. $\frac{25}{4}$

二、填空题

1. 直线 $y=ax+b$ 通过第一、二、四象限，则圆 $(x-a)^2+(y-b)^2=r^2$（$r>0$）的圆心位于第____________象限.

2. 光线从点 $A(-1,1)$ 射出经 x 轴反射后与圆$(x-5)^2+(y-7)^2=4$ 相切时的路程是____________.

3. 双曲线$\frac{x^2}{9}-\frac{y^2}{16}=1$ 的两准线方程为____________.

4. 过抛物线焦点 F 的直线与抛物线相交于 A、B 两点，若 A、B 在抛物线的准线上的射影分别为 A_1、B_1，则 $\angle A_1FB_1=$____________.

5. 与椭圆$\frac{x^2}{49}+\frac{y^2}{24}=1$ 有相同的焦点，且以 $y=\pm\frac{4}{3}x$ 为渐近线的双曲线方程是____________.

三、解答题

1. 炮弹运行的轨迹是抛物线（不考虑空气阻力），现测得炮位 A 与目标 B 的水平距离为 6 000 米，当射程是 60 000 米时，炮弹飞行的最大高度为 1 200 米，在 A、B 间，距 A500 米处有一高达 350 米的障碍物，试问炮弹能否越过此障碍物？

2. 已知椭圆$\frac{x^2}{a^2}+\frac{y^2}{b^2}=1(a>b>0)$的离心率 $e=\frac{\sqrt{2}}{2}$，直线 $x+y+1=0$ 与椭圆交于 P、Q 两点，且 $OP\perp OQ$，求这个椭圆方程．

3. 双曲线型自然通风塔的外形，是双曲线的一部分绕起虚轴旋转所成的曲面（见图 3－7（1）），它的最小半径为 12m，上口半径为 13m，下口半径为 25m，高 55m. 选择适当的坐标系（见图 3－7（2）），求出此双曲线的方程（精确到 1m）．

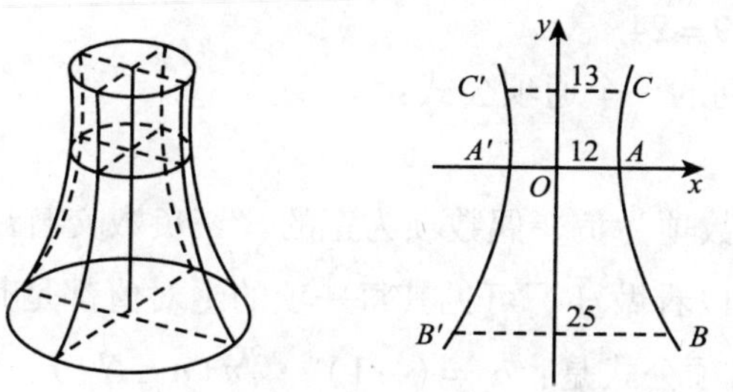

（1）　　（2）

图 3－7

第4章　数列及应用

§4.1　数列的概念

解题指引

【例1】根据数列的通项公式 $a_n = n(n-1)$，求该数列的前4项．

【分析】在通项公式中依次取 $n=1$、2、3、4，即可得到数列的前4项．

解：$a_1 = 1\times(1-1) = 0$

$a_2 = 2\times(2-1) = 2$

$a_3 = 3\times(3-1) = 6$

$a_4 = 4\times(4-1) = 12$

【例2】已知数列$\{a_n\}$中，$a_1 = 3$，$a_2 = 6$，且 $a_{n+2} = a_{n+1} + a_n$，求 a_5.

【分析】因未给出通项公式，想"一步到位"求 a_5 不容易，但可逐步递推：由 a_1，a_2 可求出 a_3，由 a_2，a_3 可求出 a_4，再由 a_3，a_4 即可求出 a_5.

解：$a_3 = a_2 + a_1 = 6 + 3 = 9$

$a_4 = a_3 + a_2 = 9 + 6 = 15$

则 $a_5 = a_4 + a_3 = 15 + 9 = 24$

【例3】写出下列数列的一个通项公式：

-1，$\sqrt[5]{2}$，$-\sqrt[5]{3}$，$\sqrt[5]{4}$，…

【分析】此数列是奇数项为负、偶数项为正的"正负数交替出现"的数列，并且数列中的第1项 -1 的绝对值可以看做$\sqrt[5]{1}$，可见其每一项的绝对值都是其项数的5次方根．

解：此数列的一个通项公式是：$a_n = (-1)^n \cdot \sqrt[5]{n}\,(n\in N_+)$.

考一考

习　题

一、选择题

1. 数列（　　）是有穷数列．

A. 2^1，3^2，4^3，5^4，…，10^9　　B. 2，5，8，11，14，…

C. 8，8，8，8，8，…　　D. 1.8，1.81，1.818，1.8 181，1.81 818，…

2. 已知数列$\{a_n\}$的通项公式 $a_n=(n+1)^n$，则625是它的第（　　）项．

A. 5　　B. -5　　C. 4　　D. -4

3. 已知数列$\{a_n\}$的通项公式 $a_n=\dfrac{n^2-\sqrt{n}}{n+1}$，则它的第9项为（　　）．

A. $\dfrac{39}{5}$　　B. $-\dfrac{39}{5}$　　C. $\dfrac{42}{5}$　　D. $-\dfrac{42}{5}$

4. 已知数列$\{a_n\}$中，$a_1=2$，$a_2=5$，$a_{n+2}=a_{n+1}-a_n$，则数列的第5项为（　　）．

A. 5　　B. -5　　C. 19　　D. -19

5. 已知数列4，8，12，16，…，则32是它的第（　　）项．

A. 7　　B. 8　　C. 9　　D. 10

6. 已知数列$\dfrac{1}{2}$，$-\dfrac{\sqrt{2}}{3}$，$\dfrac{\sqrt{3}}{4}$，$-\dfrac{\sqrt{4}}{5}$，…，则它的第8项为（　　）．

A. $\dfrac{\sqrt{2}}{4}$　　B. $-\dfrac{\sqrt{2}}{4}$　　C. $\dfrac{2\sqrt{2}}{9}$　　D. $-\dfrac{2\sqrt{2}}{9}$

二、填空题

1. 数列$-\dfrac{1}{2}$，$\dfrac{1}{3}$，$-\dfrac{1}{4}$，$\dfrac{1}{5}$，…的第9项是__________．

2. 已知数列$\sqrt{2}$，$\sqrt{5}$，$\sqrt{8}$，$\sqrt{11}$，…，则$2\sqrt{5}$是它的第__________项．

3. 数列$\{a_n\}$的通项公式是 $a_n=4n(n+1)$，则 $a_5=$__________．

4. 数列$\{a_n\}$的第 n 项 $a_n=n(n+3)$，则 $a_7+a_9=$__________．

5. 已知数列$\{a_n\}$中，$a_1=3$，$a_{n+1}=a_n+2$，则数列的第5项 $a_5=$__________．

三、解答题

1. 请分别写出以下数列的第5项和第6项．

(1) 1，2，1，2，…

(2) 1，$\sqrt{2}$，$\sqrt{3}$，2，$\sqrt{5}$，…

(3) 0.3，-0.33，0.333，$-0.3 333$，…

2. 根据给出的前 4 项，写出数列的一个通项公式：

（1）8，8，8，8，…

（2）-1，4，-7，10，…

（3）3，-9，27，-81，…

（4）$\frac{\sqrt{2}-1}{2}$，$\frac{\sqrt{3}-1}{3}$，$\frac{\sqrt{4}-1}{4}$，$\frac{\sqrt{5}-1}{5}$，…

§4.2 等差数列

解题指引

【例1】求等差数列3，9，15，…的通项公式及它的第4项、第10项.

【分析】因为 $a_1=3$，$d=9-3=6$，有了 a_1 和 d，则可以写出该等差数列的通项公式，再分别以项数 $n=4$ 和 $n=10$ 代入通项公式即可得到其第4项和第10项.

解：$\because d=9-3=6$

$\therefore a_n=3+(n-1)\times 6=6n-3$

$\therefore$ 此等差数列的通项公式为 $a_n=6n-3(n\in N_+)$

所以 $a_4=6\times 4-3=21$

$a_{10}=6\times 10-3=57$

【例2】在等差数列 $\{a_n\}$ 中：

（1）$a_1=2$，$a_n=62$，$n=10$，求 S_n

（2）$a_1=12$，$d=3$，$n=10$，求 S_n

【分析】本题涉及求和公式中的三个量，而要求第四个量，是属于等差数列前 n 项和公式的应用.

解：（1）根据等差数列前 n 项和公式：$S_n=\dfrac{(a_1+a_n)n}{2}$

所以 $S_{10}=\dfrac{(a_1+a_{10})\times 10}{2}=\dfrac{(2+62)\times 10}{2}=320$

（2）根据等差数列前 n 项和公式：$S_n=na_1+\dfrac{n(n-1)}{2}d$

所以 $S_{10}=10\times 12+\dfrac{10\times(10-1)}{2}\times 3=255$

【例3】三个数成等差数列，它们的和为12，积为48，求这三个数.

【分析】三个数成等差数列且已知它们的和，可将它们设为：$x-d$，x，$a+d$，再由两个已知条件列出方程组，解方程组即可求出这三个数.

解：设这三个数为：$x-d$，x，$a+d$，则：

$$\begin{cases}(x-d)+x+(x+d)=12 & (1)\\(x-d)\cdot x\cdot(x+d)=48 & (2)\end{cases}$$

解方程组得：

$$\begin{cases}x=4\\d=2\end{cases}\quad\begin{cases}x=4\\d=-2\end{cases}$$

所以这三个数分别为2，4，6或6，4，2.

考一考

习 题

一、选择题

1. 数列（　　）是等差数列．

A. 5，−10，15，−20，⋯　　B. 2，3，6，9，12，⋯

C. 100，98，95，92，⋯　　D. 0，0，0，0，0，⋯

2. 已知等差数列$\{a_n\}$中，$a_1=1$，$d=3$，那么当$a_n=31$时，项数n等于（　　）．

A. 9　　B. 10　　C. 11　　D. 12

3. 若三个连续正整数的和是69，则在它们后面的三个连续正整数的和是（　　）．

A. 72　　B. 75　　C. 76　　D. 78

4. 已知等差数列$\{a_n\}$中，$a_1=20$，$a_{27}=54$，则公差d为（　　）．

A. 34　　B. $\frac{12}{13}$　　C. $\frac{34}{27}$　　D. $\frac{17}{13}$

5. 在等差数列−5，−9，−13，⋯中，−405是数列的第（　　）项．

A. 100　　B. 101　　C. 102　　D. 103

6. 在等差数列$\{a_n\}$中，已知公差为$\frac{1}{2}$，且$a_1+a_3+a_5+\cdots+a_{99}=60$，那么$a_1+a_2+a_3+\cdots+a_{100}$等于（　　）．

A. 120　　B. 145　　C. 150　　D. 170

二、填空题

1. 在等差数列−6，−4，−2，0，2，⋯中，$a_1=$________，$d=$________．

2. 在等差数列10，7，4，⋯中，第8项$a_{10}=$________，$d=$________．

3. 在等差数列$\{a_n\}$中，$a_2=18$，$a_4=8$，则$d=$________，$a_1=$________．

4. $-3\sqrt{5}$与$6\sqrt{5}$的等差中项是____________．

5. 在等差数列$\{a_n\}$中，$a_4=2$，$a_6=8$，则$a_8=$____________．

6. 在等差数列$\{a_n\}$中，$a_{13}=24$，$a_{23}=54$，则$a_{33}=$_____________．

三、解答题

1. 找出下列等差数列的a_1和d，并写出通项公式．

（1）$\frac{1}{3}$，$\frac{2}{3}$，1，$\frac{4}{3}$，$\frac{5}{3}$，⋯　　（2）2 008，2 004，2 000，1 996，⋯

2. 已知等差数列$\{a_n\}$中$a_5=20$，$a_6=22$

（1）求a_1和d；

（2）写出该数列的通项公式；

（3）求a_{10}，a_{20}.

3. 已知在等差数列$\{a_n\}$中：

（1）$a_1=8$，$d=-3$，$n=20$，求S_n；

（2）$a_1=3$，$a_8=24$，求S_8；

（3）$a_3=12$，$a_4=17$，求S_{10}；

（4）$a_1=2$，$d=0$，求S_{100}.

4. 已知在等差数列$\{a_n\}$中，$a_5=20$，$a_{15}=28$，求a_2+a_{18}.

5. 在等差数列$\{a_n\}$中，已知$a_7=5$，$a_3+a_{11}=14$，求d与a_1.

6. 三个数成等差数列，它们的和是18，积为192，求这三个数.

§4.3　等比数列

解题指引

【例 1】一个等比数列的第 3 项与第 4 项分别是 6 和 12，求它的第 1 项和第 2 项.

【分析】本题可根据等比数列的通项公式 $a_n=a_1q^{n-1}$，利用已知条件代入公式组成方程组来求解.

解：设这个数列的第 1 项是 a_1，公比是 q，则可列出方程组：

$$\begin{cases}a_1q^2=6 & (1)\\ a_1q^3=12 & (2)\end{cases}$$

解这个方程组求出 $a_1=\frac{3}{2}$和 $q=2$

所以 $a_2=a_1\cdot q=\frac{3}{2}\times 2=3$

【例 2】已知在等比数列 $\{a_n\}$ 中，$a_1=3$，$a_4=24$，求 q 和 S_4.

【分析】本题可根据等比数列的通项公式 $a_n=a_1q^{n-1}$求出公比 q，再利用等比数列前 n 项和公式 $s_n=\frac{a_1-a_nq}{1-q}$求出 S_4.

解：$\because a_n=a_1q^{n-1}$

$\therefore a_4=a_1\cdot q^3$，即 $24=3q^3$，解得　$q=2$

又$\because S_n=\frac{a_1-a_nq}{1-q}$

$\therefore S_4=\frac{a_1-a_4q}{1-q}=\frac{3-24\times 2}{1-2}=45$

【例 3】三个数成等比数列，它们的和为 14，积为 64，求这三个数.

【分析】三个数成等比数列且已知它们的积，可将它们设为：$\frac{x}{q}$，x，xq，再由两个已知条件列出方程组，解方程组即可求出这三个数.

解：设这三个数为：$\frac{x}{q}$，x，xq，则：

$$\begin{cases}\frac{x}{q}+x+xq=14 & (1)\\ \frac{x}{q}\cdot x\cdot xq=64 & (2)\end{cases}$$

解方程组得：$\begin{cases}x=4\\ q=2\end{cases}$，$\begin{cases}x=4\\ q=\frac{1}{2}\end{cases}$

所以这三个数分别为 2，4，8 或 8，4，2.

考一考

习 题

一、选择题

1. 数列（　　）是等比数列.

A. 2，1，0，-2，-1，…　　B. $\frac{2}{3}$，3，6，18，…

C. 6，6，-6，-6，…　　D. 6，6，6，6，…

2. 在等比数列中，已知首项为$\frac{9}{8}$，末项为$\frac{1}{3}$，公比为$\frac{2}{3}$，则项数是（　　）.

A. 3　　B. 4　　C. 5　　D. 6

3. 2与32的等比中项是（　　）.

A. 8　　B. -8

C. ±8　　D. 以上都不是

4. 在等比数列$\{a_n\}$中，若$a_2=3$，$a_4=6$，则a_6的值是（　　）.

A. 12　　B. 9　　C. 36　　D. 16

5. 两个数的等差中项是10，等比中项是6，则这两个数是（　　）.

A. 3与12　　B. 4与9

C. 4与16　　D. 2与18

6. 在等比数列$\{a_n\}$中，已知$a_1=1$，$q=2$，则第5项至第10项的和为（　　）

A. 63　　B. 992

C. 1 008　　D. 1 023

二、填空题

1. 在等比数列-4，2，-1，$\frac{1}{2}$，…中，首项$a_1=$__________，公比$q=$__________，通项公式为____________.

2. $\frac{1}{3}$与$\frac{1}{27}$的等比中项是__________.

3. 已知9，a，b，243这四个数成等比数列，则$a=$__________，$b=$__________.

4. 在等比数列$\{a_n\}$中，已知$a_2=18$，$a_4=8$，则首项$a_1=$__________，公比$q=$__________.

5. 在等比数列$\{a_n\}$中，$a_1+a_2+a_3+a_4+a_5=31$，$a_6+a_7+a_8+a_9+a_{10}=992$，则比公$q=$__________.

6. 在等比数列$\{a_n\}$中，已知$S_3=3$，$S_6=12$，则$S_9=$__________.

三、解答题

1. 已知某等比数列中的$a_3=16$，$a_4=8$

（1）求a_1和q；

（2）写出该数列的通项公式；

(3) 求 a_7 和 a_8.

2. 已知等比数列 $\{a_n\}$ 中：

(1) $a_1=16$，$q=-\frac{1}{2}$，求 S_8；

(2) $a_3=4$，$a_4=16$，求 S_6；

(3) $a_5=6$，$q=1$，求 S_{10}.

3. (1) 在等比数列中，已知 $a_3\cdot a_9=12$，求 $a_5\cdot a_7$；

(2) 在等比数列中，已知 $a_5\cdot a_{15}=42$，求 $a_3\cdot a_{17}$.

§4.4 数列的应用

解题指引

【例1】某院校大礼堂共有25排座位，第一排有30个座位，往后每排都比前一排多2个座位，那么该礼堂共有多少个座位？

【分析】本题涉及等差数列问题，且 $a_1=30$，$d=2$，$n=25$，求25排座位的总和，即 S_{25}。根据等差数列的前 n 项和公式 $S_n=na_1+\frac{n(n-1)}{2}d$ 就能解答所求的问题．

解：设该礼堂共有 S_{25} 个座位，依题意得：

$$S_{25}=25\times30+\frac{25\times(25-1)}{2}\times2$$

$$=750+600$$

$$=1\,350\text{（个）}$$

答：该礼堂共有1 350个座位．

【例2】某工厂第一年的生产总值是100万元，改革后每年增产12%，问：第几年能实现生产总值翻一番？（$\lg2\approx0.3\,010$，$\lg1.12\approx0.0\,492$）

【分析】本题涉及等比数列问题，且 $a_1=100$，$q=1+12\%$，到第 n 年该厂能实现生产总值翻一番，即 $a_n=200$，根据等比数列的通项公式 $a_n=a_1q^{n-1}$ 就能解答所求的问题．

解：依题意，该工厂每年的生产总值（万元）排列成：

100，$100\times(1+12\%)$，$100\times(1+12\%)^2$，$100\times(1+12\%)^3$，…

可见，这是一个等比数列，且 $a_1=100$，$q=1+12\%$．设第 n 年该厂能实现生产总值翻一番，即 $a_n=200$，根据等比数列的通项公式 $a_n=a_1q^{n-1}$，可得：

$$200=100\times(1+12\%)^n$$

$$\lg2=n\cdot\lg1.12$$

$$n=\frac{0.3\,010}{0.0\,492}$$

$$\approx6.12$$

答：第7年能实现生产总值翻一番．

考一考

习 题

1. 某企业经技术改造后的第一年就获得年利润 80 万元。经预测知道，从第二年起，每一年所获得的年利润都比上一年多 20 万元，试问：（1）该企业经技术改造后，第四年可获得的年利润多少万元？（2）第几年所获年利润是第一年的 2 倍？

2. 某公司去年的利润是 1 000 万元，计划今后每年平均增长 120 万元，试求：

（1）从今年起算，第 5 年的年利润是多少万元？

（2）从今年起算，5 年内的年利润总和是多少万元？

3. 某家具厂第 1 年生产家具 5 万套，如果平均每年的产量比上一年增加 10%，那么从第 1 年起，约几年内可使总产量达到 30 万套？

4. 某物品原价为 100 元。经过两次降价后，现价为 81 元，假设这两次降价的百分率相同，请求出这个百分率.

第5章　概率与统计初步及应用

§5.1　排列与组合

解题指引

【例1】 书架上层有不同的数学书4本，中层有不同的语文书6本，下层有不同的物理书5本，从中取出不同的数学、语文、物理书各一本，问有多少种不同的取法.

【分析】 从书架上取数学、语文、物理书各一本，可以分成3个步骤完成：第一步取数学书一本，有4种不同的取法；第2步取语文书一本，有6种不同的取法；第三步取物理书一本，有5种取法，符合分步计数原理的条件.

解： 根据分步计数原理，得到 $N=4\times6\times5=120$ 种不同的取法.

【例2】 用数字3，5，7可以组成多少个没有重复数字的三位数？并写出所有的排列.

【分析】 第一步，确定百位上的数字，在3，5，7中任取一个，有3种取法.

第二步，确定十位上的数字，由于百位上的数字已经确定，十位上的数字只能从余下的两个数字中取一个，有2种取法.

第三步，确定个位上的数字，当百位、十位都确定后，只余下一个数字，个位数只能是余下的这个数字，所以只有1种取法.

解： 根据分步计数原理，从三个不同数字中，每次全部取出排成没有重复数字的三位数个数共有 $3\times2\times1=6$ 个，它们分别是：357，375，537，573，735，753.

【例3】 计算 C_{10}^4，C_7^3

【分析】 由排列与组合的公式即可求得.

解： $C_{10}^4=\dfrac{A_{10}^4}{A_4^4}=\dfrac{10\times9\times8\times7}{4\times3\times2\times1}=210$

$C_7^3=\dfrac{A_7^3}{A_3^3}=\dfrac{7\times6\times5}{3\times2\times1}=35$

考一考

习 题

一、填空题

1. 从四个元素中每次取出两个元素的所有组合有________个.
2. 若 x、y 分别在 0，1，2，3，4，…，10 中取值，则 $P(x,\ y)$ 在第一象限的个数是________.
3. $\dfrac{A_7^5-A_6^6}{7!+6!}=$________.
4. $1\times1!+2\times2!+3\times3!+4\times4!+5\times5!=$________.
5. 已知平面内四点中任意三点不在同一直线上，连接任意两点的所有的线段共有________条.

二、选择题

1. 从 4 种蔬菜品种中选出 3 种，分别种植在不同土质的三块土地上进行试验，不同种植方法有（　　）种.
   A. 4　　B. 24　　C. 64　　D. 81
2. 一个口袋装有 5 个小球，另一个口袋里装有 4 个小球，所有这些小球的颜色互不相同，从两个口袋内任取一个小球，不同的取法有（　　）种.
   A. 20　　B. 9　　C. 5　　D. 4
3. 用 1，2，3，4，5 组成没有重复数字的自然数，其中三位数有（　　）个.
   A. 60　　B. 125　　C. 20　　D. 27
4. 从 10 名理事中选出 3 名常务理事，共有可能的人选（　　）组.
   A. 120　　B. 240　　C. 600　　D. 720
5. 从 10 名理事中选出理事长、副理事长、秘书长各一名，共有可能的人选（　）组.
   A. 120　　B. 240　　C. 600　　D. 720
6. 用 1，2，3 三个数字可以组成没有重复数字的自然数（　　）个.
   A. 7　　B. 9　　C. 15　　D. 108
7. 某专业部从 9 个学生中选出 3 个做值日，不同选法的种数是（　　）
   A. 42　　B. 3　　C. 9　　D. 84
8. 会计专业部从 13 名学生干部中选出两人担任正、副队长，不同的选法结果有（　　）.
   A. 68 种　　B. 78 种　　C. 26 种　　D. 156 种
9. 由数字 1，2，3，4，5 组成没有重复数字的两位数，这样不同的两位数共有（　　）
   A. 30　　B. 20　　C. 15　　D. 10

三、解答题

1. 代数式 $(a_1+a_2+a_3)(b_1+b_2+b_3)(c_1+c_2+c_3+c_4)$ 展开后共有多少项?

2. 6个人坐在一条长凳上照相，不同的坐法共有多少种？

3. 由1~9这9个数能组成多少个可重复的4位数？

4. 由数字0，1，2，3，4可组成多少个没有重复数字的三位数？

5. 5个学生站成一排：

（1）有几种不同的站法？

（2）其中甲学生必须站在中间，有几种不同的站法？

（3）其中甲、乙两个学生必须相邻站在一起，有几种不同的站法？

（4）其中甲学生不站在排头，有几种不同的站法？

6. 某生产小组有15名工人，其中正副组长各1名，现选派5名工人去参加一项活动：

（1）如果组长和副组长必须参加，有多少种选派法？

（2）如果组长和副组长必须有1人而且只需有1人参加，有多少种选派法？

（3）如果组长和副组长都不参加，有多少种选派法？

（4）如果组长和副组长至少有1人参加，有多少种选派法？

7. 已知100件产品有3件次品，其余为正品，现：

（1）从中取出3件产品中恰有1件次品的抽法有多少种？

（2）从中抽出3件产品，至少有1件正品的抽法有多少种？

§5.2 概率初步

解题指引

【例1】掷一颗骰子，求掷得奇数点的概率.

【分析】掷一颗骰子，它的样本空间 $\Omega=\{1,2,3,4,5,6\}$，它的基本事件总数为 $n=6$，掷得奇数点事件 $A=\{1,3,5\}$，包含的基本事件数 $m=3$，所以 $P(A)=\frac{3}{6}=\frac{1}{2}$

【例2】甲、乙两人各进行一次射击，如果两人击中目标的概率都是0.7，计算其中恰有一人击中目标的概率.

【分析】记｛甲射击一次，击中目标｝为事件 A，｛乙射击一次，击中目标｝为事件 B，恰有一人击中目标包括两种情况：一种是甲中乙未中（$A\cap\bar{B}$）；另一种是甲未中但乙中（$\bar{A}\cap B$），根据题意，这两种情况在各射击一次时不可能同时发生，即 $A\cap\bar{B}$ 与 $\bar{A}\cap B$ 互斥.所以所求概率为：

$$
\begin{aligned}
P(A\cap\bar{B})+P(\bar{A}\cap B)&=P(A)\cdot P(\bar{B})+P(\bar{A})\cdot P(B)\\
&=0.7\times(1-0.7)+(1-0.7)\times 0.7=0.42
\end{aligned}
$$

考一考

习　题

一、填空题

1. 必然事件的概率等于____________；不可能事件的概率等于____________.

2. 连续抛掷三枚硬币，这个试验的基本事件的个数为____________.

3. 抛掷一颗骰子，出现 2 点或 4 点的概率等于____________.

4. 已知 $P(A)=\frac{1}{3}$，则 $P(\bar{A})=$____________.

5. 甲、乙两人在相同条件下进行射击，甲射中目标的概率是 0.75，乙射中目标的概率是 0.85，两人各射击一次，两人都击中目标的概率是____________.

二、选择题

1. 事件 A 与 B 相互独立，则以下结论正确的是（　　）.

A. $P(A)=1-P(B)$　　B. $P(A\cdot B)=P(A)\cdot P(B)$

C. $P(A+B)=P(A)+P(B)$　　D. $P(A\cdot B)=0$

2. 一箱子里有红、绿、白、黑四个小球，任取一个出来，那么没有取到红球的概率是（　　）.

A. $\frac{1}{4}$　　B. $\frac{3}{4}$　　C. 0　　D. $\frac{1}{3}$

3. 一次掷两枚均匀硬币，一枚出现国徽朝上，一枚出现币值朝上的概率是（　　）.

A. 1　　B. $\frac{1}{2}$　　C. $\frac{1}{3}$　　D. $\frac{1}{4}$

4. 把一枚均匀硬币连掷四次，至少得到一次国徽朝上的概率是（　　）.

A. $\frac{1}{16}$　　B. $\frac{4}{16}$　　C. $\frac{15}{16}$　　D. 1

5. 甲、乙、丙三人射击的命中率都是 0.5，他们各自打靶一次，那么他们都没有中靶的概率是（　　）.

A. 0.5　　B. 0.25　　C. 0.3　　D. 0.125

三、解答题

1. 从 1，2，3，4，5 五个数字中，任取两数，求两数都是奇数的概率.

2. 同时抛掷 2 分和 5 分的两枚硬币，计算：

（1）两枚都出现正面的概率；（2）一枚出现正面、一枚出现反面的概率.

3. 生产一种零件，甲车间的合格率是96%，乙车间的合格率是97%，从它们生产的零件中各抽取一件，都抽到合格品的概率是多少？

4. 甲、乙两射手在同样条件下进行射击，如果两人击中目标的概率都是0.6，计算：

(1) 两人都击中目标的概率；

(2) 其中恰有一人击中目标的概率；

(3) 至少有一人击中目标的概率.

5. 三人独立地去破译一份密码，他们各自译出密码的概率分别是$\frac{1}{5}$，$\frac{1}{4}$，$\frac{1}{3}$，问这份密码被破译的概率是多少？

6. 从3件一等品和2件二等品中任意抽出三件检查，求2件二等品全部抽出的概率.

7. 袋中有5个球（白球3个，黑球2个），从中任取2个，求：

(1) 取到全是白球的概率.

(2) 取到至少有1个白球的概率.

8. 两个人进行射击，甲击中目标的概率是0.9，乙击中目标的概率是0.7，求两人至少有一个人击中目标的概率.

§5.3　统计初步

解题指引

【例1】已知 $x_1=15$，$x_2=-9$，$x_3=10$，$x_4=57$，求$\sum\limits_{i=1}^{4}x_i$.

【分析】在计算这题时，要清楚地知道符号“Σ”，它表示求和的意思.

即符号$\sum\limits_{i=1}^{4}x_i=x_1+x_2+x_3+x_4$

解：$\sum\limits_{i=1}^{4}x_i=x_1+x_2+x_3+x_4=15+10+(-9)+57=73$

【例2】财会08（1）班第一小组6名同学一次统计测试成绩分别为：86，78，69，91，72，74，求该小组统计测试成绩的平均数.

【分析】根据算术平均数公式，$\bar{x}=\dfrac{x_1+x_2+x_3+\cdots+x_n}{n}$来计算的.

解：$\bar{x}=\dfrac{86+78+69+91+76+74}{6}=79$

【例3】求原始数据80，83，69，76，97，90，86的平均差.

【分析】根据有关的计算公式，$\bar{x}=\dfrac{x_1+x_2+x_3+\cdots+x_n}{n}$与$A.D.=\dfrac{\sum|x_i-\bar{x}|}{n}$

解：$\bar{x}=\dfrac{69+76+80+83+86+90+97}{7}=83$

$$A.D.=\frac{\sum|x_i-\bar{x}|}{n}$$

$$=\frac{|69-83|+|76-83|+|80-83|+|83-83|+|86-83|+|90-83|+|97-83|}{7}=7$$

【例4】* 北京某职业中学会计班选出A、B两组进行实训，A组电算化实训成绩为：67，69，70，71，73，B组实训成绩为：41，68，70，81，90，试用标准差评估A、B两组的稳定性.

【分析】按照步骤计算其简单标准差（见表5－1）.

表5－1

A组 $\bar{x}=70$分			B组 $\bar{x}=70$分		
成绩（分）x	$x_i-\bar{x}$	$(x_i-\bar{x})^2$	成绩（分）x	$x_i-\bar{x}$	$(x_i-\bar{x})^2$
67	−3	9	41	−29	841
69	−1	1	68	−2	4
70	0	0	70	0	0
71	1	1	81	11	121
73	3	9	90	20	400
合计	—	20	合计	—	1 366

解：根据分析得：A 组简单标准差为：$s_A=\sqrt{\dfrac{\sum(x_i-\bar{x})^2}{n}}=\sqrt{\dfrac{20}{5}}=\sqrt{4}=2$（分）

B 组简单标准差为：$s_B=\sqrt{\dfrac{\sum(x_i-\bar{x})^2}{n}}=\sqrt{\dfrac{1\ 366}{5}}=\sqrt{275.2}\approx 16.59$（分）

两组的平均分尽管都是 70 分，但由标准差可以得知：A 组的平均水平代表性更强，总体水平发挥稳定.

习 题

考一考

1. 受国际金融危机的影响，为了调查上海某小区每户居民月均生活开支情况的变化，从中随机选取了50户家庭进行问卷调查．请指出本次调查对象的总体、样本和样本容量．

2. 2012年人口普查中，考察我国人口年龄构成，抽取广州市进行调查．请指出本次调查对象的总体、个体、样本和样本容量．

3. 已知 $x_1=4$，$x_2=8$，$x_3=16$，$x_4=32$，$x_5=64$，求：

（1）$\sum\limits_{i=1}^{5}x_i$

（2）$\sum\limits_{i=1}^{5}(2x_i-10)$

4. 2012年某地区初中入学考试时语文、数学、英语的计分比例为4∶3∶3，一个学生的考试成绩语文72分，数学94分，英语79分，求该学生总平均数．（假设各科难度相近）

5. 求原始数据13，20，12，21，18，19，16的平均差和标准差．

6. 1978年测得我国17岁学生400m跑成绩为：男生平均成绩92.5s，标准差6.72s. 女生平均成绩117.0s，标准差10.6s. 试比较男生、女生400m跑成绩离散测得的大小．

§5.4 概率与统计的应用举例

解题指引

【例1】在产品检验时，常从产品中抽取一部分产品进行检查．现从100件产品中，任意抽取3件，假设这100件产品中有2件次品，问抽出的3件中恰有1件次品的抽法共有多少种？

【分析】按题目要求抽出的3件产品为2件正品和1件次品，100件产品中共有2件次品，98件正品，从2件次品中抽出1件次品的抽法有C_2^1种，从98件合格品中抽出2件合格品的抽法有C_{98}^2种，由分步计数原理，抽出3件中恰有1件次品的抽法的总数是$C_2^1\times C_{98}^2=9\,506$（种）．

【例2】在100件产品中，其中8件色泽不合格，6件尺寸不合格，色泽和尺寸都不合格的有3件，现在从这100件产品中随机抽取一件检查，求抽取中不合格产品的概率．

【分析】设A表示"抽中色泽不合格产品"，B表示"抽中尺寸不合格产品"，那么AB表示"抽中色泽和尺寸都不合格的产品"．$A+B$表示"抽中不合格产品"，因为A与B不互斥，于是有：

$$P(A+B)=P(A)+P(B)-P(AB)=\frac{8}{100}+\frac{6}{100}-\frac{3}{100}=0.11$$

答：抽中不合格产品的概率为0.11.

【例3】刘经理对股票做风险预测．他通过对大量资料信息的分析，估计中国石化1股的股票收益将在1.1～1.7之间，且取各值的概率如表5－2所示．

表5－2

收益值ξ	1.1	1.2	1.3	1.4	1.5	1.6	1.7
概率P	0.00	0.10	0.20	0.40	0.20	0.10	0.00

试预测中国石化股票的风险程度．

【分析】该股票近期1股的收益数是一个随机变量，它的期望值（平均值）由已知条件可以求出：

$$E(\xi)=1.1\times0.00+1.2\times0.10+1.3\times0.20+1.4\times0.40+1.5\times0.20+1.6\times0.10+1.7\times0.00=1.40$$

这就是说，该股票除可以保本外，还可能平均有40%的增值．

考一考

习　题

1. 某批产品 100 件，其中次品 4 件，现抽取 5 件检查，则：

（1）其中恰有 4 件次品的抽法有多少种？

（2）其中恰有 1 件次品的抽法有多少种？

2. 在 80 件产品中，有 50 件一等品，20 件二等品，10 件三等品，从中任取 3 件，计算：

（1）3 件都是一等品的概率；

（2）2 件是一等品，一件是二等品的概率；

（3）一等品、二等品、三等品各有 1 件的概率．

3. 将一枚硬币连掷 3 次，出现"两个正面，一个反面"和"一个正面，两个反面"的概率各是多少？

4. 一个口袋内装有相同的 7 个白球和 3 个黑球，从中任意摸出两个，得到 1 个白球和 1 个黑球的概率是多少？

5. 从 100 张编好的号码卡片中（1 ~ 100 号）任取 1 张，计算：

（1）卡片号是奇数的概率；

（2）卡片号是 7 的倍数的概率 .

6. 如果在 10 000 张奖券中只有一、二、三等三种奖，其中 1 个一等奖，5 个二等奖，10 个三等奖，试问买 1 张奖券中奖的概率是多少？（各奖项不可兼得）

7. 某品牌服装按原价 800 元销售，销售额为 32 000 元；“三八”节 9 折促销，销售额为 32 400 元；7 月“周年店庆”8. 5 折优惠，销售额为 30 600 元；9 月转季促销打 6. 8 折，销售额为 43 520 元，试计算该品牌服装的平均售价 .

8. 已知 100 件产品中有 3 件次品，其余为正品，现：

（1）从中取出 3 件产品中恰有 1 件次品的抽法有多少种？

（2）从中抽出 3 件产品，至少有 1 件正品的抽法有多少种？

9. 现有 3 位医生及 7 位护士，从他们中抽 5 人组成下乡医疗小组，求：

（1）其中恰有 1 位医生的概率；

（2）抽到 5 位都是护士的概率 .

10. 甲、乙二人独立地射击同一目标，甲击中目标的概率是0.9，乙击中目标的概率是0.8，现二人各射击一次，计算：

（1）二人都击中目标的概率；

（2）甲击中而乙未击中目标的概率；

（3）恰有1人击中目标的概率；

（4）目标被击中的概率.

11. 某机构对股票做风险预测，通过对大量资料信息的分析，估计“中国平安”一种的股票收益将在1.0～2.0之间，且取各值的概率如表5－3所示.

表5－3

收益值 ξ	1.0	1.2	1.4	1.5	1.6	1.8	2.0
概率 P	0.05	0.10	0.15	0.40	0.15	0.10	0.05

试预测“中国平安”股票的风险程度.